前川佐重郎歌集

SUNAGOYA SHOBŌ

現代短歌文庫

砂子屋書房

『彗星紀』（全篇）

歌論・エッセイ

解説

前川佐重郎歌集

『彗星紀』（全篇）

無　言

冬雨の夜にながるる内ふかく群がるまなこ洗はれてゆく

わが内に吹き込みやがて立ち去れる風に置かれし眼差ひとつ

竪穴のしづけきやみに墜ちゆくは一本の髪こころ騒ぎぬ

はじまりはシャツより白く羞《はにか》みて山茶花の冬かさなりて落つ

ひたひたとあゆみのごとき冬の雨僧侶と盗賊ゆきかふみれば

角砂糖崩るる速さながめつつわれ澄みて聴くものの跫音

伐られたる梢に滲むわが家郷ひとつのことば枝に置かれゐし

はがれゆく冬の薄膜《うすまく》いちまいの花びらよりぞひとのこゑする

水に棲む月の光の射す繊《ほそ》くかくしづかなる冬の凱歌は

あやめたる言葉を抱きて夜に入れば燈火あやしく一語挿《さ》したり

たくらみのやうな繊雨《ほそあめ》肩に沁む無下《むげ》にやさしく一言いはず

残響

八月の半ばにありて錆びゆけど下肢にまとへるわが影の刃《は》は

蒼穹《あをぞら》に溺れひさしき手足あり摑まむかいま男坂に立ち

白粥《しらかゆ》にはる薄膜の韻《おと》きこゆ八月半ば置き去りし耳

冷ゆるまで直立せむか諸々の思ひあつめし独りの驟雨

短夜《みじかよ》を昭和へ一語抛《はう》りゆく言葉の塔の赤き朝焼け

没《い》りし陽を浴びつつおもふこの帰路のかつて土砂降り銀の夕立

六十年代の露しとどにぞわが額《ぬか》に垂れ落つ夜
半の鏡面羞《やさ》し

やはらかき光を浴みて棘あはき鎧《よろひ》を解きし夏
のひひらぎ

一束の緋《ひ》に率《ひ》かれゆく生類のかのまぼろしを
いまだ負ひにき

木を過ぐる秋蟬のこゑ繊《ほそ》くありしばしも熱き
遁《のが》れゆくもの

ひるがへる朴《ほほ》の大葉にゆだねつつ空に浮かべ
る蟬殻《せみがら》ひとつ

振りかざす大蟷螂《おほかまきり》に出遭ひたりあはき記憶を
覚ます劇ある

熱きもの身に蔵《しま》ひつつ群れ飛べるあきあかね
透く　明日《あした》はむくろ

わが四方《よも》に張りめぐらされたるしろがねの朝
の荊《いばら》を恃みと思はむ

搏《う》ちあひしひとこゑやまず薄明の風に落ちゆ
く一枚の葉は

夏すぎてあはき継ぎ目を縫ひゆけるすぢ雲に
棲むほろびしこゑは

しろがねの老いへなびける一茎の暮秋の風を
首に晒《さら》しつ

三十年遅き出立わが額はすでに夕闇刃物をか
くす

しづかなる雨の言葉に顕《た》たしめし九月の薔薇
のするどきかをり

鉛筆の描ける空の鋭きに一羽の鵙《もず》の研ぎて降
下す

しばしばは遙けき糸をたぐりつつ父祖の伝承《つたへ》
に葛《かづら》のからむ

累代の墓に向かひて囁けるわれの一言《ひとこと》父祖ら
聴けるか

転機といふ言葉はつねに鮮《あたら》しくわが頬を搏つ
熱きシャワーと

八月は死者ゆきかへるわが耳のかなかなさへ
も楽《がく》をしづめつ

鍵《キイ》盤叩くしづけき敵意充ちゆけば月欠《か》くる夜
半都市の崖《きりぎし》

過ぎゆきしひとの象《すがた》に曳かれつつ砂走る砂の
粒を拾へり

ホルマリンにほひ遙けし静かなる死者のうみより唄ごゑきこゆ

この夏の深傷《ふかで》癒やせるなかぞらに滅びにかむかふ大輪の向日葵

言挙げて独り入り組む父措きし眼鏡しづけくそらを映せり

刳《く》りゆける空の果たてにふと咲ける星を摑みてわが額にあつ

コロンビア煽《あふ》られ炎え尽き漸くに夜ごろひそかに罌粟《けし》のはな充つ

ゆふつかた六十年代の風吹けばいま骨だけとなりし傘は過ぐ

うちそよぐ芭蕉の立ち葉きれぎれの翁のゆめの枯野といふは

かの星の衝突のおと届かざりわが耳に棲む恐竜のこゑ

いま越ゆる峠のむかう雲ひとつ父のパナマ帽に似て笑ひしか

一丁の豆腐を切れば危ふかるその鋭角に立ちゆくうから

身のうちに鳥なきかはす朝焼けのやがての驟
雨匂ひ立つべし

わが裡に棲みし焔《ほのほ》を撒きやらむこのだんだら
坂にことば拾へば

少年の熱きまなこに囲はれて無量のうみに溶
けゆく翼

きはまりし夕焼けの一部截《き》りとりて父に献《おく》れ
る十歳の腕《かひな》

しばしばもわれに従きたる黒犬のながながし
影に凭《よ》りゆくこころ

五十年の夏

対岸の水草青くけぶらひて摑むともなき雨季
の手のひら

雨に育つ雄心《をごころ》を摘むこの指の遠く昧《くら》きを測り
つつ閉づ

殺されしいくたりの詩人見たりしか雨季の岬
手のごとく延《の》ぶ

雨に耐ふる弓なりの竹その背より積怒の青く
育ちゆくみゆ

過去《すぎゆき》は昨日《きぞ》のこととぞ仄かにも揺れてゐたり
し傷《いた》めたる葉は

ひややかにわが掌《て》に残る刃《は》ありてまがなしく
あり侠気をもてば

夕照りに大蟷螂《おほかまきり》の振りあふぐ祖父《おほちち》おもへその
影の鋭《と》し

逃げみづ捉《とら》へむとする夏真昼　青みて泛ぶ若
き日の創《きず》

無為にしていくとせの罪科《とが》忘れしかライオン
吼《な》けばそのこゑふかし

ありありと魚類の生死見し午後に巻雲刷ける
西方のそら

やがていまこの夏のこゑ聴きをれば眦《まなじり》に熱き
五十年一日《いそとせひとひ》

稲妻と語れる夜の団欒に閃《せん》として彫る貌《かほ》のふ
かさは

短夜《みじかよ》に火を焚けばかげろひて音たてば五十年《いそとせ》
青きその貌

むらぎもの心にひびく雨の束五十年を経て括
りがたしも

天鵞絨《ビロオド》の海

五線譜をくだりゆく夜《よ》の弦楽の天鵞絨《ビロオド》のうみ
猫も溺るる

まつ赤なる夕陽を吸ひてしづもれり巨岩《いは》みご
もりし恍惚のとき

頭芯を沈めし籾殻《もみがら》さらさらとたださらさらと
白河に撒《ま》く

宇宙より手をさしのべて摑みたる樹海に果て
し骨組みふたつ

四方より霧雨かこむ夕《ゆふ》なれば内耳をわたるハ
ンメルンの笛

鋭角に截《き》られし磁器の真底にて角砂糖崩るる
夜半《よは》の荘厳

亡霊を買ひ出しゆかむ街なかにさまよひ浮か
ぶはわが腕《かひな》なり

街街のこゑほろびゆくあかときをペルシャ人
眠る駅のターバン

恐竜の骨組みひとつ佇める風吹きてゆふべ何《い》
処《づこ》発たしむ

数へ唄とまり木の数かぞへゆく胡桃割る地下室はひとり

左眼《ひだりめ》を毀《こは》して映るわれの窓　藻類のやうな雲ちぎれとぶ

風うた

皿の上《へ》のさかな耀《かがや》く万感は遙けきうみのあをに濡れつつ

焙《い》りゆけば快楽《けらく》をわたる老いのかぜ銀杏《ぎんなん》の実の青透く一夜《ひとよ》

沈黙の葉をわたりゆく蛞蝓《なめくぢ》のひとつ筆跡の条《すぢ》めざめゆく

亡霊はこの家に棲みしか一匹のいわし焼くけむりの背後

眼の孤独　身体《からだ》の孤独ふれゆけば限りなく遠きわが陣地見ゆ

葬列をすぎて死の階《きだ》はるけしと蝙蝠傘《かうもり》ひらく独《ひと》りとなりて

過ぎてゆく街角にひとつ篝火《かがりび》の盆の風うた骨のこゑひびく

海岸に置き去りし椅子貌《かたち》なし幻いくつ拒みてありぬ

夜のいろ濃くなりゆきて電線の白鳩のつばさ静かに目覚む

うちそよぐこゑの背後の棚の上《へ》に数へ唄うたふ壘のたちをり

数へ唄跫音《あしおと》のごとく近づきてまた遠ざかる壘のささめき

貌

むらさきの花満ちゆけば勃然と緑青《ろくしやう》のこころ四方《よも》めぐりくる

降りしきる雨のこゑ聴くその暈《かさ》に鋭《と》き心ありて溺るる耳あり

息づきし夜の帳《とばり》に刃を研ぎて明日に挿頭《かざ》せるわが身羞《やさ》しき

亡霊に遇はむと故郷の街ゆけば死なざりしわが戦後の刺客

戦後とはいづれの方へ置きしかな理由《ことわり》もなく
夾竹桃咲く

夕ぞらを綴《つづ》れる群鳥《とり》に意志ありてわが肩越ゆ
る風も率《ひ》きゆく

空洞にかぜ吹き込めば笑ひたり埴輪のまなこ
慧《さと》き落下は

敗勢をおもひて佇《た》てる球場の秀《ほ》に刺されゐる
五月雨の足

五月闇なま風に疾《と》く生れたるはかつてテロル
のすがしき吐息

燦然と牡丹花揺るる閑《しづ》けさに風に伝へし殺《あや》め
しこころ

牡丹花の打ち萎れたるこの無明病める眼《まなこ》をす
がしとおもへ

敗北のおもひを携《も》ちて朴《ほほ》仰ぐますらを葉群《はむれ》に
緑を染《し》ませ

鋭心《とごころ》はとほきに去《い》ぬかさりながら杜若《かきつばた》青く緊《しま》
れる焔《ほのほ》

片寄れる鰯雲みて灯《とも》したるこの不逞なるおも
ひ匿さず

ひとはみな終焉《をはり》近しと囁けどわが腕あをし匕首ひろふ

無数なるこゑを聚《あつ》めし駅頭のそのきれぎれの貌《かほ》にまぎれぬ

夏の暦

尖りゆくばらの棘にもはつ夏の悪心《をごころ》をみて五指を匿せり

日曜のしんとも静か丸の内広場に全き新しき帽子浮遊す

まなかひを過ぎゆく繊雨《せんう》この夏のはがねの鬱を誰に負はせむ

水葬をならはしとする船にゐて軽《かろ》き柩の旅をかいまみむ

こなごなのフロントガラス美しと黒髪のなかこゑ一つ落つ

髭ふかき男黙せる昼下がり塀長き小菅《こすげ》に雨季のにほひす

やうやくに捕らへし星はまたたけりわれ身顫《みぶる》ひす生《しやう》のあること

青年のあつき心は何処《いづく》にか華厳の滝に降る蟬しぐれ

あかつきのゆめしづかなる樹の下にもぬけとなりし蟬の眼うごかす

背負ふ苦は光の束か向日葵に凭れてゐたい陽のほろぶまで

天界の志《し》に触《ふ》るるゆふべどしや降りに身をゆだねつつ急ぐにあらず

眠らざる宗教人《びと》の独語かと古き蛇口の漏刻をきく

あかねさす真昼のけやきに蟻のぼる蟻の領に涼風《すずかぜ》あつめ

季節のてのひら

ゆふぐれは背骨、肋《あばら》もかろくなり街にまぎるるこころ遊ばす

雑踏はわれの都にあらざらむひのくれに空《す》きて風をまちゐむ

雑踏にまぎるる眸《め》ありひそやかに何人《なにびと》か撃つ梅雨のゆふぐれ

歳月の奥処にひとのつどふこゑ明《あか》き驟雨に耳さし入れば

無頼とは果てしいづくの飲食《おんじき》か身《しん》やはらかき雨季にいりきて

やうやくに溶けだす梅雨のゆふまぐれひと銀色の裸身の林

空木《うつぎ》さく白たへふかきわが囲《めぐ》り色あひ失せて雨をいとしむ

てのひらの葡萄は老いて美しきゆふべにいたる一日《ひとひ》もありなむ

ユキノシタ、羊歯のたぐひも怖ろしき春をはるころ眼鏡は透《す》きて

糸杉のさやぎは甘き黒マントの囁きに似てかげに近づく

逆さまに脱色の花つるされしふとわが母系の風向きおもふ

革《あらた》むるこころを携《も》てば地下鉄の線路の真直《ます》ぐまつぶさに見ゆ

やはらかきしろがねの陽につつまれて軽《かろ》き一軀のその量《かさ》おもふ

若者は長き昭和を老いゆきて川端柳にかすかに手触《てぶ》れぬ

わが背後いくとせを経てかはらじと二瘤《ふたこぶ》駱駝のうすき尻みる

おほぞらに創《さう》もあるべし宗教のこゑ響《な》りいづる築地すぎたり

かつてベンツいま報道車あさまだき小菅《こすげ》の塀を雀のぼり来

さきかはる朝顔の青しづかなる韻《ひびき》をもちて応《こた》ふるは拒否

来歴

静脈の太き青さへ帰り路わが腕《かひな》よりさかのぼる父祖

秋の夜のわが釣糸のふかみより澄みとほり来る魚ひとつあり

雨あとの鮮やかにして坂の上《へ》を降りくるひとりの骨に向きあふ

半透の窓の外《と》に揺る一木《いちぼく》の現し身もなき影のさざめき

盛り場を過ぎし暗がり一灯に映し出されし貌《かほ》の骨々

幸運を奇数に賭けし少年の石積める標《しるべ》の数かぞへゆく

やうやくに夏痩せゆけばつくつくの終章といふ詞《ことば》のなだり

東歌たけだけし路に響きたり素手にて組まむけふの来し方

敗北の詩《うた》をりをりの朝《あした》より拓かれてゆく道の玉砂利

飛行船の白き肢体に雨叩く叩けよ今宵われもまた空洞《ほら》

街路樹の夏のたましひ解かれゆき思ひあつめし枯葉吹き寄せ

秋の夜のつひの底ひに届きたり鉦叩《かねたたき》鳴けばわれも響《な》りいづ

沈黙

沈黙は都市の広場を浸《ひた》しつつ彫像の耳ふいに立ちゆく

山査子《さんざし》の枝揺れしかば窓辺なるプルーストの手の翳うつりゆく

水系の魚みな刃物となるゆふべ山谿も疾《はや》し憎しとおもへど

七月の蟬の屍《かばね》にしばしばもふりそそぐ陽を傷口となし

少年の肉おとろへて海よりの風のなびきに頬を打たるる

赤髪《あかがみ》のしなだれに見ゆ唐黍《たうきび》の頽廃は暑き夏の遊戯に

積秋

危ふきはわが眸《め》とらへし秋街のむらさき深きいちじく一顆

眉に寄す秋風ひそか溜《た》めゆけば壁の中の「彼」いかがあるらむ

跫音《あしおと》はいざなふ温《あつ》きこゑならむ深夜舗道を他《ひ》人《と》遠ざかりゆく

逆さまにズボンは吊られ一日の乱の終はりに雨のこゑ聴く

西方にくるしき雲の垂れ込めて凧糸のごとく血縁を引く

ことば読む黒犬の眸《め》の明るめば頭《かうべ》なづる掌《て》ふいに重しも

ほの温《あつ》き体感を他人《ひと》に移さむと夜な倒れゆく銚子のこころ

「日和《ひよ》る」とふ言葉みつけし年表を眇《すがめ》に過ぎて幾夜のこれり

一切の無駄を省いて出立《たつ》なれば臭き臓器を抜きいだすべき

天球の髪

残雪のとけ滲むみちひとすぢの光は冬の涕《なみだ》すくひぬ

千の葉に言葉まとひてうちそよぐ卯月のポプラひめやかに萌ゆ

貝塚に重なりふかくただ独り埋もれて眠る春の葬《はふ》りを

なま暖《ぬる》む鶴見川瀬に沈みゐし靴の滑《なめ》らに春の朽ちゆく

天球に泛べる黒髪《かみ》の一房をくしけづりつつ夜に遇《あ》ひゆく

人の骨いりまじり積む幾層にひそめし言葉たつを仄《ほの》聴く

竹の葉のうすき緑の衰へて春はふり積みひと節《ふし》昏るる

青雨《あをさめ》にうちしほれたる花を摑みわが掌《て》ひろごるそらの物憂き

竹群の竹を仰ぎてそよぎなむ蠟燭のごとき死者の筆たつ

纎《こま》やかな情愛のごとけぶりたつ五月雨にほふ
葛《くづ》切りの函《はこ》

億年の季《とき》ねむりつつ灰色の化石のまぶたひら
きゆくころ

海棠の枝からまりて半獣のその手より告ぐ春
のたましひ

反逆か或いは睦《むつ》みふかめたる枝にたわめる海
棠の紅《べに》

さみどりに纏《まと》へる木々のためらひは一夕禁色
の花とひらけり

はるかにも他界にみゆる麦秋の歎きやまざる
金色《こんじき》の穂は

たえまなき風になびきてあえかなる柳新芽の
媚《こび》をにくめり

今年またこの花色に染まりゆく車座の貌《かほ》　わ
だちのひかり

凡庸の春

はなのこゑしづもりてある夜の段《きだ》ひとこゑのみか身に残りたり

昨夜《きそ》のはな夢うすきまま散り敷ける与へし愛のいまはまぼろし

花を掃きことばを掃きて瞑《つむ》りたる一樹《じゆ》の燦《さん》を了《を》へししづけさ

ふたたびを父が近づく結界にひひらぎの青鋭《と》く走りたり

右舷より滲み入るあはき春みづに浸されてゆく父のきらめき

街路樹の冬のたましひ解かれゆき季《とき》を数ふる貌《かほ》なきままに

さだまらぬ春のひかりに揺られつつ揺られつ拉《しだ》く無傷のこころ

凡庸の春に睡れる昼日なか殺意かがやくシーツは真白《ましろ》

白昼の明るき底ひふるさとは累累の春を吸ひて睡れる

羞《やさ》しさは卯月の風にまとひつつ朴《ほほ》の群葉《むれは》はひびきやまざる

美しき腐爛のゆめの棄つるまで五月の幟《のぼり》狂《たはぶ》るばかり

やはらかき陽につつまれし旧き創《きず》　銀座時計塔の文字盤に遭ふ

崩れ落つ橋のむかうにあかねさすその彩りの架けゆくものは

こころざし青く霞《かす》める垣根よりうたひびくみよ　春のひひらぎ

木蓮の萼ふくらむ夜の繭《まゆ》息ひそめつつ響きあふ間は

金色《こんじき》の春恋ひしかば夕なづむ宙《そら》に充ちこし蝙《かう》蝠《もり》の掌《て》

タイソンの出獄の日は春の雪羨《とも》しくも黒き轍《わだち》のひかり

タイソンの四肢ぞはるけし春雪の轍《わだち》の溝に唸るこゑあり

骰子《サイ》のゆくするゑ

わが家族《うから》母屋は父で絶えしこと東国われの庭の春雪《はるゆき》

霰《あられ》ふる　蒼く透きみゆ一粒の思ひつめたる春の先触れ

幸福は精神《こころ》もたずと人の言ふ林檎一個が崩れゆく春

狂ふとき吾もつれゆけこの春の連翹《れんげう》の黄に肉《しし》は宿りて

咆哮は夕ひとときを耀《かがや》かせ虜囚の獅子の春の発熱

ひとはみなひとを殺むる心携ち春の日向にカメラを向けたり

少年の汚名と言ひしかの春の白木蓮もしろがねに炎《も》ゆ

散るといふ花のならはし羨《とも》しくもわが掌《て》に在りし骰子《サイ》のゆくするゑ

円形の夏

円環のはるけきやみを巡りきて蜻蛉《あきつ》はおよぐくれなゐのなか

少年の鼓膜は海に打ちあぐる荒ぶる崖に弦をたらして

雨だれのおとに殺意のにほひして美しと見ゆ蝸牛の螺旋

木の影を沿ひつつゆけばむらさきの一千の葉ふりそそぐ見ゆ

たちまちに胸撃ちぬかれたる一言《ひとこと》の弾道のゆく青透くゆふべ

桜桃のかなしき酸のひろごれるわが舌うすき初夏を過ぐ

一穂《いっすい》の星の隔たる夜半ごろ薔薇の凋落聴く耳のあり

夏草の生ひ茂りたる野の響きほろびの村落《さと》の白昼に聴く

夏草をちぎりて撒《ま》けば空くらし静脈のごとき茎そそりたつ

夏草の一茎にありてしづみゐし蟷螂《かまきり》の眼の碧きこゑのす

夏草に交りてひとつひるがほの笑ひに伝ふ七月の死

小守宮《こやもり》の愛しき眼《まなこ》に宿りゐし一滴の鬱けふは零《こぼ》るな

梅雨《つゆ》駆けし水黽《アメンボ》掬ふたましひは空より墜ちし水玉のなか

朴《ほほ》の葉の掌《てのひら》のなか眠りなむ億万年の緑色のまゆ

樹々わたるひぐらしのこゑ限りなく身を割《さ》きて呼ぶ何処《いづこ》の空に

ひぐらしのさまよへるこゑ地図に無き森に響きてその翳《かげ》やまず

この原はさびしき野とぞふり仰ぐ刹那に笑ふ昼顔のはな

海岸の砂のおぼろを羞《はに》かむを少女は布裂《きれ》の裡に潜みて

昼顔の笑ひ

はつなつの水嵩《みづかさ》は増す躰腔を貨幣《コイン》はひとつしづみてゆけり

間歇の風をあつめていくたびか魔女のたはむる糸杉の塔

はる離《か》れてなつに添ひゆく一木《いちぼく》の群葉《むれは》にごりて鬱《うつ》の棲みたる

やがていま水辺に生《あ》るる寂《しづ》けさは光琳よりのむらさきのこゑ

をりふしに淡きに染《そ》みし紫陽花の羞《やさ》しむごとき小花のつどひ

ひそけくも笑ひに似つる昼顔の誘《いざな》ひふかき梅雨《つゆ》の水底

かきつばた紫ふかくふかきゆゑわが掌《て》に触るる　過《あやま》ちならむ

肯《うべな》ひし青春のうみに挟《はさ》まれて置き忘れたる腕《かひな》ひとつ

雨やみて視界の彩《いろ》のあざやけくわが界に降るおもひも止《や》めり

忽《たちま》ちに五体は濡れて八月の驟雨に立ちしわが輪郭を撫《な》づ

いまは真夜実の熟《な》りごろを数《かぞ》へつつ桃の描ける弧をなぞりゐる

暑《しよ》に疲れ暑に倦みたれど歌人《うたびと》の詠を競ひし広間の潮《うしほ》

「明日」といふ日をいつの日かしたたまむ罌粟《けし》一輪の落花に覚《さ》むれば

牡丹花の内に拡ごる暗がりに深傷《ふかで》を見たりわが掌《て》を凝視《みつ》む

未完の死

万緑のなかに死ありてしづかにも狙はむとする汝が胸の央

六月しづかに刃《は》は閉ぢて紫陽花あはき胸の空洞

昼月のかろさ哀しきあまつさへ汝が四肢青き六月の浜

紺深き空に起ちゆく乱雲のなべて勝者の帰還のひびき

銀漢をミルクと言へるこの甘き杳《くら》き流れを双
手ですくふ

戦後問ふ夏の声ありて一木の合歓《ねむ》のまどろみ
さ揺るるともなし

晩夏《おそなつ》のこゑの途切れし道くらし吾をくくれる
筋雲《すぢぐも》の絆《ひも》

未完の死遂げしわが友かの雨季の弁慶橋に吸
殻捨てぬ

バリケードかつて築きし鎧戸に甲虫《かぶとむし》攀《よぢ》るわが
半眼の夏

八月の穹《そら》すみゆけど揺らぐなし絶叫の友のこ
ころ羨《とも》しむ

八月の光に億土歩ませて豆粥《まめがゆ》すする白磁器の
みち

いましばしわが夏衣《なつごろも》脱ぎがたし線香花火の繊《ほそ》
き火に寄れば

炎昼の道より顕ちしかげろふの手招きありて
刃物の匂ひす

若き日のつひの終りと言ふべくも薔薇のにほ
へる部屋を過ぎゐつ

雨季にひそむ

必然のこころはなくもみづがねの重くあかるき雨季にひそめり

両背後あつまる眸《め》さへまろくある手まりゆふぐれ雨後のあぢさゐ

刈られても少年青く存《なが》らへり額縁にけぶる過眼の水無月

かの夏の死を蔵ひたりパラフィン紙のなかの黄蝶のわたる大虹

夏がすむ葛城の麓《ろく》に辿りきて父にみづ遣るわれに水やる

墓原に父の姿は見あたらぬ空に盛装の雲ひとつ倚《よ》る

裸形なす愛恋の浜に踏みいでて動くにあらずわが影法師

昭和史の姿三四郎とほくある「指導」「警告」ジョージアの夏

アトランタ五輪

放送史をたどりつつ聴く玉音のいま熄みたりと今年ひぐらしは

一生を棒にふりしかと言問《こと》ひて累代の墓に水
打ちやらむ

旅をせぬわが黒犬に夏きたり睡りのなかを耳
降《くだ》りゆく

弓ケ浜かそけく繊《ほそ》くためらひて風に解かるる
帯のしらなみ
伊豆・弓ケ浜

秋の器官

漸《やうや》くに虫の音絶えてふける夜は鉛筆二本全器
官研ぐ

すさびたる野辺はなげやり枯尾花淡きほほけ
にゆふぞら病みぬ

死語一辞武器となりなばふかき夜の息つめて
研ぐ燈火けはしき

古井戸に映えしもみぢを狩りゆけば夕《ゆふべ》のつる
べ耳を引き上ぐ

さみどりにけぶらひたちし公孫樹に燦燦《さんさん》とふ
る語彙《ごゐ》ほろびゆく

馬追ひの透きとほる翅《はね》澄みしかば萬緑の野の
廃《は》つることなし

法師蟬「つくづく惜しい」ときく夏のをはり
に息づく身の遠くより

銀杏葉《いてふば》の散りゆく窓にみひらける眼《まなこ》のひとつ
おとしてゆけり

いちまいの白紙をなしぬ　水の上《へ》を渡る鳥あ
り糧《かて》抛りゆく

ひと群の鳥を率ゐて旋《めぐ》りゆく意志のひとつが
水の縁《へり》ゆく

ひと知れず朽ちゆく蘆に逆立ちて存《なが》らへてあり
蟷螂《かまきり》ひとつ

ゆきくれにものの象《かたち》のきらめきてセイタカア
ワダチサウに風の触れたり

いつしかに物音絶ゆるほそ径の頭蓋の奥に枯
葉践《ふ》む音

けだものの発するこゑのかくばかり細りてゆ
けば野も病みゆけり

傾ける棚田のまなこ冷えゆけば朱枝《しゅがき》の一枝澄
みとほりゆく

秋の棚

もみぢ葉は赤き掌《てのひら》まなかひを過ぎて暈《かさ》つむ音
ひそめつつ

参道の欅並木に髪ながれ夕づく風ににほひ狩
れるも

舞茸の舞《まひ》饒舌にかたちなしみちのくの蝶の崖
ゆくことば

火の粉かとまがふ天上赤々と嘯《うそぶ》くそらに掌《て》も
染まりゆく

傾きし浜辺に在りし秋の棚　放蕩の夏のわが
手こそ売れ

傾ける西洋梨にナイフ触《ふ》るる秋の深処《ふかみ》に屈め
るピカソ

不可思議のみどりに凭《よ》れるこころあり紅葉の
秋の虚《うつろ》にあれば

そらに投ぐ腕千本をひろげゐて天上紅葉いだかむとせり

さだまらぬ心をもちて秋を去るすれ違ひざま腕《うで》あづけ置く

立ち去りし者の韻《ひびき》を拾はむと枯葉を踏めば樹より聴こえぬ

遠ざかりやがて消えゆく跫音を結界として轡《くつは》虫《むし》鳴く

閃きて一行かざす短夜《みじかよ》の棄てし言の葉幾重に積みて

秋の舌

みづからを繰るごとくゐる女郎蜘蛛秋一閃《いっせん》にわが身曝《さら》せり

女郎蜘蛛自在のそらに糸吐きてこの薄闇《やみ》を待つこころ哀しき

麻布十番たち至り来て白蝶の鋭きまでの秋の耀《かがよ》ひ

今年また陣地の前に立ちて見ゆ平家の池の敗荷数百

族《うから》とはかなしきものかこの墓の敗荷に喩《たと》ふ卒塔婆幾本

わが還る土地などあらず満月に木魚ひとつを叩いてゐたり

われに劇《ドラマ》無き長き年を存《なが》へて鶏頭折るるゆふべ踏みいづ

のぼり来てカンナの熱き朱《あけ》のいろ一枚の舌に風のさし入る

寒蟬の聲に牽《ひ》かるるわが額に二十年《はたとせ》遅き夕《ゆふ》のかがやき

青年の歌うたふ兄貴《あに》はるかより肉叢《ししむら》の朱を羨《とも》しむ秋夜《あきよ》

過去《すぎゆき》を惜しみつつ闌《た》くる鶏頭の紅伐《か》りゆけば双手《もろて》傷《いた》めり

秋天に一世界築きゐてたたずむ蜘蛛の影に風過ぐ

戦《たたかひ》といふ言葉おもひ出し蟹の脚折る屋台の夜ふけ

虫の息、虫の意気とぞ仄かにも鉦叩《かねたた》き鳴けば索《さぐ》る夜はあり

この秋を舞ひゆく黄葉息《やす》みなき離散の友の噂をきかず

女郎蜘蛛この秋を研ぎたたずめる一つ吐息の風過ぐるまは

梢より朽葉《くちは》数枚きらめけり残党といふ威儀をただして

空の駅

傾ける身体《からだ》の縁《へり》を風が過ぐあわだち草の泡立つゆふべ

ひとまずは立て直しつつ見る月の黙しつつ傾く真昼の五体

空の駅すぎつつゆける列の鳥わが手摺りにも蟻の列ゆく

死してなほ威儀を正せる蟷螂の双鎌《もろがま》鋭《と》くも野を清めたり

遅れなほ急《せ》かるる吾にさみどりの原ありて見ゆ風の細道

唄ふことやめたる鳥の一群《ひとむれ》が風まちしこと一夜を越えぬ

はらからと思へばつらし秋色にすすきを刈らむ吾も狩らむか

にんにくの臭ひやさしき閑日のフライパンに吹きこむ秋風

記すとはいのちを灼《や》かむ黄昏を翼を携《も》ちて渡りゆく群

冬の骨

ひゆひゆと暗黒を搏《う》つこがらしの裸木するどく差し違へたり

野ざらしの冬駆けたれば誰《た》ぞ聴かむ秘《ひそ》みたるもの含羞《はにか》みてゐつ

その頸《くび》に暗黒の見ゆエロス見ゆみづに没《い》りゆく白鳥一羽

一本の木倒るるにぶきひびきさへ逐《お》はるるごとく谿《たに》をつたへり

一本の木倒るる速度はかりつつものみなの死の邃《ふか》きゆふぐれ

標縄《しめなは》のもゆる炎のその赤にほのかに見ゆる父祖の出立

三寸の釘の穂先に言葉たち打ちては響く梁《はり》のくらやみ

新しき図形のつくる大橋を渡りて曳かむ鉛の馬と

いつしかに逐《お》はれてゆきし季《とき》のなか雪ふりつみて雪にうづもれ

骨だけとなりて息《やす》める群いつく方鼎に鳴るかりがねの空

一千の闇をしづめて降りしきる雪はこびゆく一枚の冬

鳥千羽群がるこゑの寄りあひて瞑《つむ》ればそらのしびるるまでに

コンパスのなかに冬野は展《ひろ》がれり背あをき獣すべりゆく見ゆ

ことごとく言葉は死せり　燭台の一本の蠟融けやまずあり

風たちし夜の一束黒髪の引摺る野には水仙の満ち

心臓のうちよりかへす冬濤《ふゆなみ》に飛魚の一尾跳ねて光れり

木々白き裸形をなしてもの思ふ骨さむき昏《くれ》のはだらほどろに

冬の蹄《ひづめ》

百頭の馬の蹄《ひづめ》の鳴る夜半のそこより展く麦立つ冬野

聡《さと》き眸《め》は四辺に充ちて標本の冬の蟋蟀《こほろぎ》いまし鳴きいづ

ピンク・フロイド幻想の階《きだ》を昇りしにgongに覚めし冬のボクサー

鳴る風の空を眺めつつ一木の緊《しま》れる身にも冬の声のす

吊るさるる鮟鱇の目の見開けばすなはち蒼き冬の夕暮

冬を溜めひとを急《せ》きたつ風花のあやふかるべしその消ゆる間は

幾千の水仙の青めざむれば言葉は閉ぢし冬の崖《きりぎし》

冬陽浴む三毛の細ひげおとろへて快楽《けらく》のねむり睡りゐるなり

魂魄は捨てられゐしか藪椿暗くしづめる花首ひとつ

冬林檎あかき頭蓋にかはりゆき世のしづけさを響《な》りゆく夜半《やはん》

引き返す野に道は絶え言葉絶ゆ冬の睫毛は潜《ひそ》みてゐたり

弱き神敗れたる神歩みきていくたび問はむ地《な》震《ゐ》の社《やしろ》に

文明の杳き底ひにとまりゐる冬の鸚鵡の凝視《みつ》むこの世は

遁《のが》れゆく景色の束を追ひゆける眼底に熱き冬の両腕《もろうで》

ひゆひゆと撓《しな》へる竹のその背にもかつて鋼《はがね》の青春《あをはる》はみず

津軽より届きし林檎くれなゐの球形の魂《たま》をめぐる風音

結語より始まる宵のほろにがき肩を流るる朔《さつ》風《ぷう》をみて

魚《うを》ねむる槽にも雪は降りしづみ秒針さへも睡る冬の日

冬の肋《あばら》

こゑ絶えしひと往《い》ぬ庭の枯木立一枝の耳に冬牽《ひ》かれゆく

風ふけばかぜのめぐりの説話さへ距《へだ》つる樅の冬のことばは

たたかひに敗れし傘か骨あらは小糠雨《こぬかあめ》ふるわが冬の肋《あばら》

ここよりは冬の奈落と夢病めば水仙の青むらがりやまず

灰色に尖りて立てり冬公孫樹あひみて黙す裸木の契《ちぎ》り

敗残の白き山茶花垣根より冬きれぎれを落してゆけり

椋鳥のもの憑《つ》き狂ふ大空はことばのごとく響《な》りて昏れゆく

昼と夜のあはひ歩めることば見ゆ危ふくさむき欄干に立ち

眼のなかに冬の息づき沁《し》みゆきてつばきの紅《あか》は挿《さ》すごとくある

冬人の影おそれつつ踏み出せば半月《はんげつ》といふ薄明は来たり

しづかなる雨のことばに顕《た》たしめし黒くおもたき二月のつばき

しんしんと積れる雪のおと聴こゆ内耳はやさしく鋭きものと

音絶えてこゑ絶えてある蒼穹《あをぞら》に水仙を切る鋏《はさみ》の音す

冬の白

如月《きさらぎ》の崖の水仙摘みつくし農婦ひとりのただならぬとき

はがれゆく皮膚のごとしも初冬のほろ散りやまぬすすき幾千

壜底《びんぞこ》に斜す冬陽にもやはらかなたましひありて昼をあそべる

ことばみな沈みし真夜に立ち上がる鎧《よろひ》まとひし槽の大蟹

蠟燭の白き脚さへ憎くある大松明《おほたいまつ》見てのちの寂寥《せきれう》

鸚鵡の鳥籠《かご》脇に置き目瞑《めつむ》りて晴れのひと日を爪切り過ごす

ひひらぎに射し込む冬陽やはらかしかの東欧のこゑを思ひつ

この街に刃なきこと嘆かへば暫し山茶花の白を散らせり

内耳に吹く風

あの頁《ぺえじ》かぎりなき季節蔵《しま》ひこみ紙魚《しみ》の好みし
は「薔薇」の字あたり

かぐはしき夜半《よは》たづねゆく笹舟の漕ぎゆく谿《たに》
のものの音なき

街なかに浮かぶ帽子ささやきぬマッシュルー
ム目覚むるゆふべ

両の眼を窓より放ち射る鳥に遠き謀叛《むほん》の朱《あけ》を
おもへり

けだものの発するこゑのかくばかり細りてゆ
けば野も病みゆけり

羞《はぢ》ふかき夕陽しみ入る格子戸の古き爪跡剝が
れゆくみゆ

ゆくりなく内耳をわたる風のあり長き回廊跫《あ》
音《おと》やまずも

吹く風に素焼きの埴輪鳴りやまず空洞《うろ》ふかき
より父母《ちちはは》のこゑ

隅田川かそけき夕《ゆふ》を孕みつつ薄くれなゐに光
るあやふさ

いづくより野外音楽堂にひと集ふひとの眼《まなこ》はナイフのひかり

天にひとつなげきを擲ふ世紀末みどりごの眸《め》のひかる水滴《みずたま》

秒針の刻める夜半のすぎゆきに言葉は叩くわが死者の扉《と》を

宇宙より伝ひくるこゑやはらかきしたため了《を》へし夜《よ》の文《ふみ》を為し

かたちなき言葉あそびの言の葉がはらはら散りぬ古《ふる》辞書繰れば

銀色のやまの縁《へり》より沈黙がそら覆ひゆく窓辺のまほら

遠きより還《かへ》りくる魚黙しつつ河さかのぼりゆく刃物となりて

一灯のなか

よる暗き一灯《いっとう》のなかすれちがふ他人《ひと》とわれとは盲《めしひ》て過ぎぬ

ゆくに非《あら》ず帰るに非ず旋回《まはり》たる椋鳥千羽惨《さん》にも非ず

ひきしぼるこゑおとろへていましばし「はやぶさ」くだる青笛《あをぶえ》の列

わがしばし睡らむかたの虚《うつろ》にもゆめ狩り熄《や》みし貘《ばく》のあゆめる

暗きみづ冷たきみづに浸《つ》かりゆく内やはらかきわが血のかよひ

海ふかく潜める艇のいみじくもTEAR-DROP《なみだのしづく》といふはやさしき

西方の音に凭《よ》りゆく由来あり三十年《みそとせ》このかた「紅茶は左手で」

おほかたの心はつねに傾きて薔薇ひとひらのあつき手触り

天鵞絨《ビロオド》の夜をひろげて伝ひゆく薔薇一輪にひそめし息は

このごろは夜のとばりの内部《うち》にゐて孵化期のこころ膝の上《へ》にあり

ふたたびを渡るかたなき大河をいまわたりゆく塑像となりて

いつしかに西空の朱に混ざりゆく帰鳥のこゑ
の越ゆる現世《うつつ》は

物なべて暁は識《し》る一瞬をロシアは緋色に狂ふ
と思へば

ゆふやみの迫れる市場《いちば》顔や手を買ひ求めゆく
ヴェニスの小銭《こぜに》

大嵐すぎたるのちの薄明を実朝の浜にことば
拾ひき

グールドの変奏は鳴る音の量《かさ》　薄明に熟《う》るる
葡萄は重き

水族の移動に揺るる水間より泡たちてしばし
泪のごとし

風の量《かさ》

風の量《かさ》はかりつつゆく鋭き掌《て》　夕の深処《ふかみ》を摑
む虚しさ

飴色《あめいろ》にこころは溶けてすれちがふ女の背にも
亜麻《あま》色の風

血縁の潮《うしほ》は来たる葛城のゆふまぐれ熱き一語
狩りゆく

幽かなる韻《ひびき》のみちに独りゐてひとしづく拾ふ
その手こそ見ゆれ

刺客らの遠きうたごゑてのひらのANGEL-
DUSTの甘きいざなひ

耳ながき獣の佇《た》てる苑しづかただ佇てるもの
の輝けるやみ

韻文の文字に刻めるひむがしのそのひむがし
に果てなむ悔《く》いは

一行のことばを研げる薄明かり凶器のごとき
月尖りゆく

伝承の父祖の山とぞ靄なせる鳥すひこみてわ
れも吸はれき

ひと跳びに闇に隠れむ葛城の野兎にさへ悪戯《いたづら》
おもふ

ばりばりと骨壊れゆく檻の中獅子はやうやく
けものとなりて

けものとはかく簡明に楽《がく》なせり骨食むるをと
澄みとほりけり

わが耳の昏き洞《うつろ》に消えゆかむあまた吸はれし
ほろびのこゑは

雫一滴さやげる音に搏《う》たれゐし真昼の闇を耳
は歩める

わが耳を吹きぬけいづれ届かざるひとつの韻《おと》
を捜るあやふさ

点滴の落下ひそけき音に在り鏡に白きゆふぐ
れの耳朶

敗北の史書

なにゆゑか壜の底《そこひ》のかなしみは透明といふ科《とが》
をあつめて

蝙蝠傘《かうもり》の羽ばたきやまぬ街なかを幾重の悲傷
繰るごとくある

ひそやかに空に投げらる纜《ともづな》を摑みて起てるあ
かときの骨

そのかみの葛城の宴《うたげ》しづかなる鬼の棲窩《すみか》が黙《もだ》
を貫《ぬ》きたる

罎《びん》と罎《びん》しづもり交はすことばあり厨《くりや》に青き月充ちゆけば

内ふかく風にまじりて鳴きかはす鳥の群れありここは東野《あづまの》

むらさきの一群の束みづみづと執念《しふね》の朝に傾《かし》げるふかく

敗北の史書紐《ひも》ときて夜に入れば戦中われの産声熱《あつ》し

アルバトロスの夢

五味康祐

無頼派の叔父に微笑《わらひ》し淳之介、『驟雨』ののちの『夕暮れまで』を

無頼派の叔父にかなしき「喪神」の神のひとつに向きあへば夜半《よは》

競詠の熱きせめぎを了《を》へしのち広間に散りしことばの破片

誓子、多佳子ゆふされば顕つくぐり戸の正眼《まさめ》に見しか奈良坊屋敷

われを容《い》るる器はあるかこの穹《そら》に檸檬《れもん》一個を
玩びゐる

おほぞらの不安に架くる大虹の異界に見しか
彩《あや》の縹《はなだ》は

このみづの向かうにうたは靄たちぬ淀の河口
に言葉を留《と》めて

おほぞらに十字を截《き》りて騎士独りペナルティ
シュート蹴るあつき胎内

アルバトロス墜死のゆめを見たりしかいま大
虹が不安を架けて

純白に横たへ沈むしづかにも侵《おか》されてゆく豆
腐の四角《よすみ》

道ゆけば従者の犬の立つ双耳《さうじ》もの澄み聴ける
螺旋の此方《こなた》

遅れたるわが行く末のいまだしも知れずと湛
ふる淀の大水

クオヴァディス

浪漫派いくたりの貌《かほ》ふり向けば鋭きかすみ棚引くをみゆ

「クオヴァディス」低く問ひゆく薄昼間《うすひるま》寡黙の花の不意に明るむ

遅れびと耀きて見ゆこの頃は薔薇の棘など鋭くもなし

漸くに友の刃《やいば》も缺《か》けゆけば眦《まなじり》のふかき皺も愛さむ

白壁に塗りこめられし累代のとほき家郷に陽の降りそそぐ

とまらざる時間《とき》をみつめて猫の眼の杳《くら》き内よりのぼりゆくもの

肉体派、無頼派霞むこの丘の一本の樹に戦《さや》ぐ言の葉

夕鴉《ゆふがらす》人界の劇見下して笑ひてゆけばその翼《はね》かろし

地球儀の青き翳りに触れゆける一指つめたき夜半《やはん》のうみは

遅れびと切なきまでに火を放つ眼底に硬き白き木を積み

抽出しの鉛筆十本煌《きら》めきて明日を立たしむ吾は恐れむ

われまた他人

舌出して切手舐めゐる真夜ひとり吾も視てゐるわが舌あはれ

蝙蝠傘《かうもり》をステッキがはりに撞《つ》きてゆく　岡潔ゆく鍋屋横丁

沈黙の見知らぬ街とおもひしか三十年《みととせ》過ぎてわれまた他人

友うたふ酒場の渚ひきつつもステンカラージンの舟近づけり

テレヴィにも雪は降りつみ知己二人参考人として国会に座《ゐ》る

叱責の矢を浴び佇てる古き友かの赤シャツの笑顔を思《も》へり

わが昭和空白となりて閉ぢゐたり銚子一本倒れる聴きて

いづくにか鋼《はがね》を匿すこの街の一灯のなかに猫つどひ出づ

この鬱を水に溶かせてゆくやうにいづこより射すナイフの光

けぶらへる彎曲のうみに茜さしハメルンよいま笛ふけよ　いざ

遠道《とほみち》の坂はるかにもはだかれるかつて勇者の聲のかたまり

この熱き夢のいたみを知らずなり深酔ひの街に汝が去りてなほ

中年のわがあることの耀《かがや》けば五指の青爪ながく伸びたり

影法師七つ八つをうち連れて真昼の駅を「はやぶさ」過ぎつ

歳月の明るき闇に身をしづめふと鮮《あざ》らけき杯の傾《かたむ》き

まなぶたの開き閉づるをカーテンの薄き衣ずれひとを遮断す

灼熱過ぎて

ながらへて生きし五十年《いそとせ》残《ざん》なりと言の葉にさへ昭和を曳きて

累代の骸《むくろ》つどへる古土の一塊すくふわが掌《て》は白し

まろびゆく友の頭《かうべ》に遠き日の灼熱をみて一日《ひとひ》昏れたり

まどろみの中にさやげる群鳥のこころはしらず目瞑《めつむ》りてゐる

ぬばたまの夜へ没《い》りゆく終電を愛といふべし帰巣のこころ

崩れゆく本のかたへに独りゐる恙《つつが》なき一日《ひとひ》無頼と言ふな

早逝の友の白顔《しらかほ》うかび来つ卵割る掌不意に重たき

白骨に肉《しし》つけ佇てる現身をひととは言はむ駅頭過ぎつ

やうやくに眼《まなこ》は冷えて織月に突き刺されゆく四方《よも》の家々

剃刀を頬に当てつつ吾もまた生物《いきもの》なりき　今日また雨天

断崖《きりぎし》を群なし墜ちし野ネズミのこころを知りて笛の音《ね》に倚《よ》る

ありし日の鳥の言葉か夕ぞらの笑《ゑ》みのひとつを掬はむとせり

肉体をもちて欅《けやき》は睡りゐる冬の思想の精を思ひき

破《わ》れガラスそのするどさに刺されゐてあはれ不断のひと日昏れゆく

万象は夜になびける午後六時不逞のこころ今日は蔵ひき

三十年《みそとせ》のむかしと変はらぬこの街のしづけさにゐて不覚を思ふ

秋ほろぶ木枯しの庭こほろぎのか細き羽音戦後は熄《や》まず

彗星のちかき白さを捕へゐてふとも女《をみな》の面とほきかも

彗星紀

文語にもいま口語にも隔てられ彗星の尾のその尖《さき》とほし

女らは星辰となり春の夜の軌道をあゆむ脚ほそりゆく

ぬばたまの闇も明るしこのやみを数へつつゆく彗星ひとつ

引力のかく美しき夜に寝ねて墜死の迅《はや》さゆめにたしかむ

あとがき

羞しながらこれが私の最初の歌集である。思えば歌というものに馴染んで長い歳月を経て来た気がする。

佐佐木信綱、吉井勇といった先人の風姿に接した少年時代は遠い過去となり、佐美雄の死も昨日のごとく、遠い日のごとくとおもうこのごろだが、学園紛争の日の早稲田短歌会の短い邂逅も忘れがたい。

一時、短歌という詩型を離れて、「歴程」の山田今次、菅野拓也、ロシア文学者の木村浩らと同人詩誌「ブーメラン」をやっていた頃が懐しい。異なるジャンルの人間が、現代詩という磁場の中で引きあい、また反発する面白さがあった。

さて、佐美雄が平成二年七月十五日に亡くなったが、その死に近い枕辺で独り歌を吟ずる佐美雄に付き添いながら、短歌という詩型の不思議をおもい返していた。一人の人間を死の床まで離さなかった短歌とは何んぞやと、鈍感な私にもそれなりに感ずるものがあった。

短歌という疲労した詩型に屈託して現代詩にいった自分であったが、この詩型の荒野も見渡すかぎり茫漠としていて、ともすれば飛散してしまう自分の身を検めるのに日々を費して自らが疲労した。

そして、佐美雄の死後、一年半を経て、平成四年より「日本歌人」の編集を引受けることになった。

歌界のことは何も知らなかった。時折「日本歌人」を読み、佐美雄のもとに献本された幾つかの歌集を読んでいた程度だった。現代詩に些か染ったぎこちない手法をもとに、再び歌に向かった。不思議な潤いと手触りを感じながらつくり始めた。それは同時にこれまで近くしたしんできた小説や現代詩などとの接点と距離をたしかめる日々のようなものだった。

早稲田短歌会時代の先輩、同輩達の励ましも嬉しかった。

歌は「日本歌人」の編集を担当した平成四年から平成八年までの作を中心に収めたものである。大学時代からの作品も手元にあるが、この齢になって同一に纏めるには年代の幅と精神の方向に隔りが些か大き過ぎてためらいがある。いずれそれはまた別の機会にと考えている。

自分で集を纏めようとすると身を削るつもりで詠んだ一首一首が全てうち棄ててしまいたくなるような衝動に駆られ、一種愛着と憎悪が交錯した。そして、選び出したのがこの五百首足らずというわけである。

歌集の題名『彗星紀』は、今年春に最接近したヘール・ボップ彗星を些か意識しすぎたとも思えるが、かつての天文少年が見つづけて来た星の紀にいま自分の在ることを思い命名した。昨年の百武彗星も大きく、ハレー彗星も記憶の中に鮮明だが、ヘール・ボップ彗星は、とりわけこの世紀末にたしかな刻印をしるしていった気がした。

歌稿を版元に出して間もなく母が亡くなった。この集を母に捧げたい。

歌集は、ながらみ書房の及川隆彦氏にすべて御世話になった。早く出すと言いながら中々稿を出さぬ自分の怠慢を、あの独特の疲労の面もちを崩すことなく静観して下さった。この友情に感謝している。

一九九七年五月

前川佐重郎

『天球論』（抄）

剥製

納豆の糸ひきよせてふるふると奏ではじめし五線譜のみゆ

気の狂れしやうに納豆かきまはすこの快感をひとは倣《なら》ふな

剥製のふくろふめざむ理科室にみつめらるるはわれのほかなし

さみどりもほろにがからむ不祝儀を薄墨で書くあはれ氏《うじ》と名

情動のかたち男女がひきあひて山の手線が内まはりゆく

自転して公転をしてまた会ひぬしろつめぐさの咲く同窓会

他郷

電線の消えしこの街まる見えの夕陽があかし他郷かここは

ワンタッチの傘のしづくを払ひつつ今宵の会
の顔ぶれおもふ

恋歌をひとつひきよせ初夏を矢車草が花舗に
挿さるる

惨劇

この夜半《やはん》まがまがしきを閉ぢこめて四角のテ
レビ朝まで四角

表情をもたずTISSUEを配りゐる少女を過ぎ
てなほ滞留感

嘘

美しい嘘のいくつか嚥《の》みこめばビンラーディ
ンがしづかに微笑《わら》ふ

虎ノ門、霞ヶ関をとほり過ぎアフガンの記事
かばんにおもし

中古《ちゅうぶる》の父の時計が形見ならつつしみもちて時《とき》問はず飲む

実物大の夕日を家にもち帰りふいに飼ひ猫ムルなつかしき

鏡

真白なモクレンのあかり身にうけて影とあゆみぬかげが明るし

重信房子は世田谷上町のひと

黙秘する女の貌《かほ》をおもひつつ薄刃をあてぬ鏡面のかほ

曇天のやうな薄紙はがしつつ復刻本をさはる、みる、とづ

点滴

象の鼻きりんの首の伸びてきてカーヴミラーのかほも長しか

ひと溢れ五月を病める禅寺に点滴のやうな雨だれゆるす

ポケット

ある日より老顔うつす鏡にも歳月ありてともにしたしき

青嵐ふきぬくなかへ向かひつつポケットのやうなゆたかさにゐる

遺伝子はかなしきかなや左手をつかひて舐める深夜の切手

マネキン

別れとはときにまぶしきことがある雨後に真白な沙羅のはな落つ

素裸のマネキンはこぶ作業員の能面のやうな顔をうやまふ

プラネタリウム

包帯をはがすやうに剝くリンゴ雨夜《あまよ》はすでに
夏のにほひす

ゆつくりとしづみてゆける椅子のくぼプラネ
タリウムに銀河ながるる

炎昼は帽子の影をうばひさり少年期さへ消し
てしまつた

炎熱にたましひひとつ脱け出してわたしの影
に隠れてゐたり

せつなくも留守番電話にしやべりかくわれは
一日《ひとひ》を家あけずゐて

いなびかり

書肆街にいなびかりしてかけこめば書棚にあ
りし茂吉が青き

いなびかり遠のきてのちひかり射し書架中段
に茂吉がねむる

盗聴のやうに飼ひ犬耳たててそろりと秋が来
たるを知りぬ

半透明視覚

立つたまま馬よ眠れる夜すぎには風ふきぬけ
て埴輪とならむ

やはらかな愛の仕草も見ざるなり園の噴水そ
らを突きあぐ

無防備に原色の傘かざしゆく女らはけふ透明
を好《す》かず

千葉すずがシドニー五輪を外された

千葉すずの怒りは充ちて水無月の雨にうたた
るプールの水面《みなも》

原色の傘さす腕《かひな》うすぎぬにつつまれやさし深《ふか》
傷《で》もあらず

通勤の歩幅みだるるある時のライターの焔《ひ》に
ちひさな敵意

佐美雄はイナゴとりの名手だった

むせかへる稲穂の息にまぎれつつイナゴとる
父まぼろしでなし

ルソーの画布

骨と骨かさねあはさる夢のあひ校倉の庫《こ》より
絃の響きす

湧くやうに泡立草の黄の充ちて短日《みぢかび》秋に大地
はみえぬ

冷静に狂ふといふもかなしけれルソーの画布
にとぶ秋の蝶

短　日

けはしげに警報機鳴るふみきりを描線のやう
に僧侶が待てり

ゆふぐれを鶏頭一花発火してさあ急がねば無
灯火われは

首までをゆず湯に浸す冬至夜の明けてののち
の冷気がこはい

雪のことば

お前にもわれにも降りぬそれぞれのきさらぎの雪ことばをもたず

雪原のかなしきかなや長靴に穢さるるまで羞らひやまず

雪原に吾《あ》と鴉ありそれぞれが原罪としてこの地へだつる

溜息

夜《よ》の吐息ひと日の溜息かかへもちわが終電は隧道に没《い》る

放蕩の女がひとり青々し水仙の庭さまよひゐるを

佐美雄は二月五日生れ

きさらぎをひひらぎの青めざむれば父の産声風にまぎるる

家族《うから》

合鍵をもちて散らばる家族《うから》また愛のかたちか門扉しづけし

産院の廊下しづけし陣痛はわが陣にさへいまだ熄《や》まずに

繋がりはやさしく黒き糸として葬りのひとの傘のつらなる

けさは耳異常にながく伸びゆきて噂、雑言澄みてきこゆる

うたびとの吐きたる糸を縒《よ》りゆけば帰路に出あひし和装のをんな

原色の錠剤

つぶやきといふには大き水泡をひとつ吐きたり槽のとらふぐ

原色の錠剤五つぶ口にしてこよひ降《お》りこよ春の跫音

引力

春の陽は午後ゆるやかに嵩をもち閲覧室のひとをねむらす

引力に逆らはざりし宰相の君が代斉唱のちのまなぶた

少年のこころきはまる放課後を泡立草が野を席巻す

車両みな膨らみてゆく夕どきを山の手線がむずむずとゆく

噴水の池面にしわのあつまりて霜月の苑しづかに目覚む

残像

重信房子大阪、高槻にて拘束さる

とほき日のかぜのいざなひ黒髪の重信房子まぼろしでなし

おやゆびが指す極彩色よいにしへのハーグの壺は響《な》りやまずなり

革命に嫁ぎしきみも囚はれて柱時計がひとつ刻うつ

おやゆびが指す極彩色よいにしへのハーグの壺は響《な》りやまずなり

観覧車まはれよ回れ軋むまで囚はれびとがひとり降りたつ

駅頭に影ひとつ踏むまたふみぬ絶叫などはどこにもあらず

透明の人にはあらず透明のひととして見る某と某われ

陶酔

ガス室をいでしバナナの青々と囲《まは》り威嚇す堅き一房

陶酔はきみだけでない睡蓮がぎつしりと池に酔ひしれてゐる

朝顔の垣根へだてて見る家に置き忘れきし昨《ゆふ》夜《べ》の指揮棒《タクト》

笑ひつつ頭《かうべ》さしあぐ向日葵の真夜は無言にうつむきゐるを

いちまいの皮膚を脱けいでゆき過ぎし少女の肩はひかりをあつむ

轟けるうみ裏切りとおもふまで返す飛沫《しぶき》に人顔ありき

朽ちし木に蟻ぞろぞろと這ひのぼりその精勤のうとまし今日は

さからひて炎熱のなかしづかにも茄子が生《あ》るるか夏畑《なつはた》の紺

壜のなかに守宮とぢこめみつめゐし立秋の夜の長きつれづれ

炭酸割り《ハイボール》

短歌史と戦後史の間《あひ》ひびきあふ炭酸割り《ハイボール》のなかの氷片

廃業せし風呂屋の煙突いまもなほわれを威嚇す大き息して

昇降機《エレベーター》しづかにひとも吊りあげて天使のやうな微笑がこはい

あざむくは愉しとおもふ仕草せり化粧の少女真向ひに視て

無聊

漂流のペットボトルをたぐり寄せ夏のちひさな物語しる

ドラム缶もゆる真昼間かげろふのなかに投げいる推理選集

やうやくにガーゼのマスクはづされてのつぺらぼうの素顔にゐがほ

水銀の体温計のしづかにもただ昇りゆく終戦の日

廻転軸

剃刀の音つややかな春のきてわが自画像のながき口笛

春くれば鼻より草もはえるだらう野仏がわづか薄目をひらく

石のやうに睡れる地蔵たしかなる輪郭もちて石として在り

米軍の基地のかたへにひかりつつ帰化植物がゆるやかに老ゆ

われ知らぬ父の若き日着しといふタキシイドみてひそかあやしむ

むらさきに色かはりゆくうみにゐて笛吹くひとの耳たぶ温《あつ》き

東京湾閑吟

ひつじぐも肉感もちて垂れこめて岩崖《きりぎし》の上《へ》のわれおびやかす

羊雲いよいよ垂れて湾岸の街の鼓動のおもたきゆふべ

浦賀より海堡にむかふ一隻が大ワニとなり音たてずゆく

耳はいま海に向かひて羞《やさ》しくも魑魅魍魎のいとなみを聴く

剃りたての頬ともおもふのつぺりと浦賀につづく海のしろがね

海に向き巣をかまへゐる女郎蜘蛛の待ちゐたるものの系譜おそるる

鏡

わが拭ふ鏡の面《おもて》にゆらゆらと喜怒哀楽の定型の貌《かほ》

雪原の黒き足跡たどりゆけば獣《けもの》の歩幅春に向かはず

大和には海が無かった
両眼を貫かれたる目刺し食ひ故郷にうみの無きをさびしむ

出奔せしネコの曠野をおもひつつ家居《いへゐ》もさむし男の背《せな》は

卓上にあわを噴きあぐシャンパンのたちまちにして消える仏蘭西

雨うた

傘に響《な》る雨のことばの弾みゐて天地異変のことなどとほき

雨だれの音とどかぬか食卓にいまだも覚めぬ夏至の生卵

停車場といふ言葉とほくなりぬべく尾灯は赤し寝台列車

縁側に蠅叩きゐる佐美雄ゐて今生《こんじやう》の夏かげろひふかし

花の下にをとこふたりが立ちあがり白刃のやうな名刺かはせり

精緻なる噴水の束くづれゆくはるの一風くびすぢ過ぎて

雨おとにはやも濡れゐし内耳《うちみみ》の卯月のうつがやはらかに沁む

からまりしチャペルの蔦をひきはがし庭師は春が終はつたといふ

春宵刻刻

旋風《つむじ》きて鉄条網にすずめらのこぼれさうなる地上げの跡地

ドーナツに穴のあること怪しめば詩人いくたりつどひて居らむ

聳えたつキリンの首に風塵が乱高下《らんかうげ》せりキリンうごかず

感情をうしろうしろにずらしつつ白木蓮がつひにはじけぬ

壁面に張り出してゐる鍋の耳の父のみみかとつかみてはなす

火の透るかれひ一枚あかあかと仮死よりめざむ一生《ひとよ》とおもふ

卓上に網目ただしきメロンあり秀才はみなここにつどへよ

他人

いくたびか梅雨の死に逅ふ今宵またわかれのことば雨に溶かして

青大将よこぎりてゆくを見守りて青大将の都合を思《も》へり

少女にも都合はありて携帯電話《ケイタイ》に耳寄するときわれは静物

われの顔いかが映ると満員の車中にありて他人《ひと》と真向かふ

荒ら荒らし父の葉書を読み了へて腕《かひな》のやぶ蚊
ひら手でうちぬ

ネコの視野

改札にすひこまれゆく夕どきの畳まれてゆく
傘のしづけさ

すぢ雲にくびのあたりを切られつつ太郎の坂
をのぼる初秋《はつあき》

定休の魚屋《うをや》さびしも軒先の目刺にかぜが吹き
ぬけてゆく

くらやみを光れるネコの視野にある音たてず
ゐる物象われは

あめふらし磯にまどろむ真昼間は観音崎も退
屈である

コクトーの詩集を置きし夜の酒場ピーナッツ
の音乾いて鳴りぬ

あたらしき千年紀いま辿りきて爪あをあをと
伸びるあかとき

年替はり

まつ赤なる嘘とはいはぬ年替はりそろり跨ぎて鐘のおと聴く

かなしみといふには軽《かろ》してのひらに鰈《かれひ》いちまいひらりと受けぬ

托鉢の僧のうなじの青筋の消えつつあれば寒《かん》解けにけり

半睡の耳に届きしざれごとのひとつを掬ふめざむれば雨

虚構

臓器またいづくにか生くるふと不意に行方知れずの友をおもひき

木の股にかかりし月は横向きて笑ふでもなしいざなふでなし

天と地が紙一枚となるまでを夕凪のぼる夕凪の影

虚構とは嘘とはちがふ首都機能移転といふもまことさびしき

落花

三寒と四温のあはひ侘助の落花をいそぐ夢にたちあふ

老いといふ言葉うとみし佐美雄また冬は炬燵にまるまつてゐた

すこしづつ離《か》るる季節をひきよせて模造のサクラこよひも咲きぬ

わがねむる八畳の間にむづかしき字の位牌ありて立ちて眠れる

晩年といふには早し夕暮れの地蔵を過ぎて街に出でにき

近景

父の死後十年《ととせ》を経しか玄関にぽつねんとある黒洋傘《かうもり》一本

美術館に横づけられしパトカーの不逞ならんかボナール青し

寒季片々

金網《あみ》に焼くいわしあぶらを滴らせ太郎の坂の
勾配おもふ

帰巣とふかなしき慣《な》らひもたぬゆゑ午前一時
に耀《かがよ》ふおまへ

佐美雄宛の中也書簡読む

かなしみは汚れるものか終電の若者の群れの
なかに佇ちゐて

深追ひの傷をなめつつ切手舐めうごかぬ真夜
に追伸を書く

浪曼派の残党としてわが名さへ訓《よ》まるること
の右に左に

厳冬は肉のゆるびし頬をうち大屋根にネコが
恋をあらそふ

秋草残夢

今年またセイタカアワダチサウの穂の生《あ》れて
滾《たぎ》つ女《をみな》のこころ懼《おそ》るる

一方向に風たちゆけば微かなる毒もつほどの芒《すすき》しらなみ

女郎花《をみなへし》ひめし過去はや遠のきて花舗の陶器に黄を捧《ささ》げつつ

世紀末に創《きず》は熟るるか吾亦紅の紅《こう》点々と瞬くまでに

彼岸花のこころはしらず此岸より目瞑り、聴こゆ饗宴のこゑ

カエサルの頭

ほどけゆく夕暮れの街かぎりなくあしたの鬱を包みてやさし

われもまた魚群となりて遅れつつ蝕ふかき街、まちを循《めぐ》れり

カエサルの大き頭蓋もかなしけれ帝王切開の手術室《へや》をよぎれば

なほも戦後

洋傘は茸となりて幾百が浮かびて暮るる無韻の雨に

やはらかき夜と思はむこの街のともしびに寄りてわれまだ戦後

まちに來しふくろふ鳴くをかなしめどほうほう呼べばまんじりともせず

いづくより悪魔ちかづく深閑を空船《からぶね》あかき実朝の浜

青き爪

やうやくに鋭さ畳む季にいりて青き爪など伸びはじめたり

この街もひとつの宇宙このまちの他者のわたしに雨ふりはじむ

結末をもたぬ季節に身をあづけマスクは白し怪人われは

終電へせつなき時をはかりつつ長き討議ののちの掌《て》のいろ

鉄道唱歌

D51《デコイチ》型の過去うつくしきその日まで新橋夕照
動輪ながるる

埼京線の白きくぐもり愛《エロス》載せいま大宮人は恵
比寿に着きぬ

大手町地下鉄迷宮に没《い》りゆけば思惟はるかな
る靴音にのみ

燭台

蠟燭のやうな人等とすれちがふ他人《ひと》も見てゐ
る燭台われを

みだるるは街のならひと埒もなく精神《こころ》もたず
も人群れてゆく

父祖といふ重荷のひとつかたはらに置きて街
ゆく二足《ふたあし》かろき

掃除機の吐き出し口に顔寄する飼ひ猫の思惟
けふはいとしき

無言

交差点に阻まるる人らの影のびて物象はいま
空壜としてあり

女らの背《せな》までふかむ梅雨のいろ雨傘は天使、
どこまでも嘘

兜町にうなぎを食ぶる丑の日の脂《あぶら》うすきを嘆
かひてみる

骨格のかく正しくも銅像にライバスは真黒、
カラスとまりき

破裂寸前

終電の温《あつ》きこころは無類なる高鼾《たかいびき》せるをみな
も可愛い

夕虹にふたりはゆつくり染まりゆき嘘でもい
いとベンチはひとつ

ふいにわれ二十年《はたとせ》のちの野に立てばやはりカ
ンナが競ひ燃えゐる

枝豆をむさぼりてゆく皿の上《へ》にばらばらなり
し夏が散りぼふ

泪橋周辺

昼間より路傍に寝ねし老い三人《みたり》不逞の貌《かほ》も見えず秋ゆく

他者として紛るることの休《やす》らけく路地の酒場の湯気に近づく

うたかたのゆめにはあらじ山谷橋わたれば茶髪の女《をみな》に遇ひき

泪橋、なみだもあらず過ぎゆけばむかうは千住、小塚原あたり

窮　鳥

子が鼻を折られた

洋梨《ラ・フランス》熟るるころには陥没の鼻も癒ゆるかわれが窮鳥

手をかざすこの恍惚をともにして言ひそびれしか父との焚火

黄ひとつ浮べる柚子を湯に沈め冬至の浮力たしかむるあはれ

ランボーに倚りゆく中也、佐美雄への書簡のインキいまだも青し

中也、佐美雄にランボーの詩を託す

遺伝子の羇旅はるかより辿りきてわが癇癪は
いづれの父祖の

このゆふべ胎めるそらの雲たれて鮟鱇吊るす
魚屋《うをや》すぎしに

寡黙

美しき老いなどといふ嘘しらぬ標本箱に目瞠《めみは》
るヤンマ

ひとはみな寡黙となりて一斉に入口を向くエ
レベーター

右まはり左まはりするバスに乗りいま渡りそ
む勝鬨橋《かちどきばし》を

一木《いちぼく》が墓標とみゆる冬木立朝には街を馳けた
からうに

拝啓と草々の間をわたりゆくアリの行軍ゆき
戻りして

発酵のすぎし街かと新橋の闇封じたる午前一
時に

鍋の耳

鍋の耳つまみてはなす親ゆびを耳朶《みみたぶ》にあつ一灯の下《もと》

腑分けして一尾のにしん食ひすすみやがて背骨につきあたりたり

御仕着せのやうに花さく九段坂の登りつめたるぼんぼりの列

この花にやみはありやと訝りて散るはなびらの数をかぞへる

吊　革

弄ぶこころあらずも吊革をしづごころなくにぎり、離しつ

完熟の季節いづこに置き忘れ冷凍みかん弛《ゆる》む机上に

切れる

「切る」「切れる」ことばの淵をたどりきてハル・ノートなど検《たしか》める真夜

切れぎれのわが来しかたの愉しくも一輪活けし薔薇あかるめり

ひひらぎの小さきトゲに刺されゐてエロスは淡きこの痛みより

氷河期のここはしらず独り酌む酒一合にうすあかり見ゆ

十薬の葉群はげしく匂ひたち、一斉に誘惑こゑつづまらせ

あぢさゐの鬱色を脱《ぬ》けたしかなる吾は眩しき真昼間にゐる

季節の微熱

糠雨は撫で肩のやうに街角を濡らしてゆきぬやさし他者の眸《め》

微熱もつ夕時《ゆふどき》さやぐカラスらの輪のなかにゐて無用の一身

梅雨《つゆ》といふこのいとほしき濡れどきをポケット・ティッシュ白く潜めり

ホームレスの砦をよぎる地下街の二十三時はじつと動かぬ

骸《むくろ》なる朝の盛り場あかるめば猫のまなこもおびえつつ過ぐ

青嵐まなかひに熱きささめきの一葉《ひとは》を捥《も》ぎてくちに含みぬ

無韻

夕街にただよひてある眼球の無言にありて誘《いざな》ふ熱く

無韻にて人語を発す猫の眸《め》に「我輩」といふ語彙みあたらず

わらひつつよぎりゆく猫しづかにも奇数に幸福あるをいま悟《し》る

手飼ひの虎

黒猫に瞑想ありてはろかにも鼠を追ひし過去
うつくしき

うつろなる眸《め》は神を視《み》たりしか手飼ひの虎の
長き鬱の夜

眠りつつ笑ふ不思議の犬の尾に物語《ロマン》は生《あ》れて
神も睡りき

年明けて門松のなき門《かど》に立ち不意に生まるる
母の祝歌《ほぎうた》

科

曼珠沙華さきつぐ先の彼岸にも科《とが》あり荒く踏
みいでゆかむ

ほの明き封書開きぬ微かなる幸と不幸がすれ
ちがふ間は

刃物らの光りしづもり厨辺に四囲かそかなる
雨のこゑする

存在のかそけき影を地に落し秋寂光にあやふ
し一身《ひとみ》

一面のコスモスの花に笑はれて睫毛つめたき風すぎてのち

新橋のガードの錆《さび》に倚るこころ祖国は近きくらきかたまり

首都五月抄

複製の街しづかなる湾岸のレンガの砦に愛恋けぶる

湾岸のビル風やさし文明の底ひへくだる首すぢ青き

亡びゆく国のすがたはおぼろなる園の牡獅子はいまだも覚めず

刺されゐしひとつのことば不意に生《あ》れ盃の瑕《きず》など撫でつつおもふ

馬がゆくこの足並のしづけさにわれが五月《さつき》の朝露払ふ

馬もまた天使となりし眸よりこの猥雑をいづくにはこぶ

DNA

DNA父祖より伝ふくらがりをいま手に握りしむ鉛筆2B

爪ほぐす夕くれなゐを女《をみな》らは坂道いそぐ春に追はれて

前登志夫氏の近況をおもふ

やうやくに老いへなびける山住みの童子を思《も》ひて爪切りはじむ

かろさもつ風の作為を感じつつ靡きて迅しゆふぐれの髪

冬瓜の白き切り口いとしめどその弧に顕ちしエロスかなしむ

暗緑のむかし思へば地上げ屋に化《な》りし友らの闇もあかるし

歌人《うたびと》の冬のこころを融かしたり生麦の辻の刺客の欠伸《あくび》

湖岸より湖底につづく道のりを測れる父の眉根も青き

『海潮音』刹那のこころ返しきて七里ヶ浜に溜息ひろふ

冬の時刻

まつ白い径におどろくこの朝の暗がりさがすこの雪の上

いまはただ真白のさやぎ一台の雪上車引く愛恋の線

湾岸の駅のしじまに溶けこみて人影ひとつ雫のごとし

われ他人《ひと》となりし夕べを湾岸に雪ふり積みて他人《ひと》なつかしき

領　域

暈《かさ》もたぬこのきさらぎの暮れどきを体腔にみづ汲みつつゆかむ

灯《ひ》も貌《かほ》もなほざりにして跨ぎゆく一風《いつぷう》ありてひとこゑ白し

さざめきがいつか無韻となる街に仮面はふかし雪ふりはじむ

恩寵はゆふぐれにしてかろき身を都市の底ひに漂へといふ

ゆふぐれをこの無為にして摑みたしたとへば軍鶏《しやも》の頸《くび》のごときを

ゆめばかりこの来し方もかなしかり春迅《はや》ければ睡りは解かず

一通の封書を温《あつ》き密閉ののちそぞろゆく駅前ポスト

歌論・エッセイ

口語歌について――反逆と遊戯と必然

口語歌、或いは口語脈の歌の系譜を辿ってみると き、そこに明確な「型」としての歴史の流れを見出すのに必ずしも容易ではない。ただ近代短歌から現代短歌を俯瞰したとき、それらはそれぞれの時代の詩歌の環境からの要請であったり、或いは歌人の個性の発露として必然の契機をもって登場したりする。

そのモチーフとなるのは、云わば制度としての文語定型への反逆や冒険といった意志的なものから、時の言語環境に身を委ねながら、表現の幅の確保、修辞といった技術上の必然に立脚するものに分けられるだろう。過去の多くの口語歌、口語脈歌、口語と文語の併用歌の優れた作品に出会ったとき、その表現法の理不尽にも拘らず、詩的リアリティとも言うべき捕縛力によって、その一首はあらゆる難点から解放される。それは理屈ではない。自然な詩のちからの勝利であるからだ。従って私は口語歌の是非を問うことにあまり意味を見出さない。凡そ文学の手法において自ら禁じ手を予め想定するのは馬鹿げている。それは結果責任でしかない。読み手を感動に導けばすべて赦される性質のものだ。

明治二十年代の言文一致の運動は小説のみならず短歌や速記の世界にも容赦なく入り込んでくる。ただ運動は「言文一致」というスローガンが先行し、必ずしも作品の質を保証するものではなかった。

スミダ川　コトシハ花ニ　コナンダニ
葉桜ニナリ　三度キタワイ　林甕臣

国学と英学をこなした林甕臣が「東洋学会雑誌」に発表した言文一致歌の一連は、一読すれば明らかなように未成熟であり、短歌とは別種の日記のある一行のような印象を与える。しかし言文一致歌の出発点、また運動の実践とみれば、その努力と意義は否定されるべきものではない。こうした試みは青山霞村の『池塘集』（明治三十九年）に至って、形と質をともなってある程度整ってくる。

うた人が佳い句に点うちゆくやうに晴れてまた降る三日晴雨　　青山霞村

これらは言文一致のスローガンが一歩内容に橋わたしをした跡が窺える。当時の浪漫的歌風を色濃く映しながらも、詩としての内面に踏み込んでいる。完全な口語歌とは言い難いが、林甕臣の「試行」からは大きく前進し、その着眼点に十分新しさを感じる。

明治後期の口語歌、口語脈歌を意識的に導入した代表の一人に石川啄木がいる。その実践は『一握の砂』『悲しき玩具』にあきらかである。

大川の水の面《おもて》を見るごとに
郁雨《いくう》よ
君のなやみを思ふ

遠くより
笛ながながとひびかせて
汽車今とある森林に入る　　『一握の砂』

うつとりと
本の挿絵に眺め入り
煙草の煙吹きかけてみる。

人がみな
同じ方角に向いて行く。
それを横より見てゐる心。　　『悲しき玩具』

三行書きは土岐哀果（善麿）の『NAKIWARAI』の影響が明らかだとしても、三行に分けた口語のリズム感が、あたかも歌謡のように快くひびく。啄木が拘った現代用語の使用や行分け、或いは必要に応じての破調が、戦後詩的な詩風景を展開させる。たしかに啄木は大岡信らが指摘するように当時の歌界にあって「素人」として登場し、風靡する。自然主義文学運動の風を纏いながら、「素人」が専門歌人を凌駕する新たな技法と修辞を獲得する。

ここで口語歌の系譜を総ざらいするつもりはないが、大正期には西村陽吉や西出朝風の『現代口語歌選』が集成としての意味を持つ。

穴から半身　あをいやもりが身を出してまだ寒い日を　じつと喰べてる　　西村陽吉

湯あがりのつまがそら見るかどぐちに秋の日ぐれの竹の葉が鳴る　　西出朝風

たしかに口語歌であるが、意外性や状況に対する破壊の詩的切り口が見当らず、概して退屈で平板な感じを受ける。

大正期にアララギの文語定型をはなれて自由律短歌に傾いてゆく石原純はどうか。

あかい椿が咲いてゐる。だれが　人間の心臓を　くろいと言ふのだ。

この短詩に近い自由律は、文語定型の呪縛からの解放感が窺えるが、どこか高名な物理学者としての理性が克っていて、詩的飛躍がやや不足している。石原純が参加した「日光」には、白秋や夕暮、迢空、利玄なども加わっている。赤彦を中心とするアララギの強力なグリップに対する反発や色あせた宗匠主義に倦み、自由と停滞の打開を試みた結集であったにちがいない。

このうち木下利玄の作品を挙げる。

壺の縁《ふち》へ重みにうつむくばらの花その持つ匂ひをつゝましく匂ふ

朝涼の静けさに見る目の前の瑠璃《るり》あさ顔の輪の大きさ

利玄を不朽のものとした第四歌集『みかんの木』に収められたこれらの作品は、口語、口語脈の自然な詠み出しのなかに、利玄自らが様式として確立した「感覚的写実主義としての印象主義」（竹内敏雄）が、たしかな形をもって息づいている。そこには反アララギといったエネルギーとは別次元の、利玄の歌想対象の文体化を感じる。ただ利玄の作品の多くは文語定型であり、そうした中に口語脈や「四四調」の破調が見えるのは、文体形成への利玄自身が試みた真摯な遊戯の跡のようにも私には映る。

一方、アララギにあって土屋文明は口語脈の不思議な詩的鉱泉を、その実作の中に採掘し実践している。

同じもの食ひながら彼はのんきにて我は息づき山の石を踏む
春日野の藤と佐紀野の卯の花の時を待ち焦《こが》るとはノンキダネ
土屋文明

文明は文語定型を基としながら、詠むべき歌想の方向によって、自在に文語と口語を併用し、不思議な効果を取り出してみせる。そこには諷刺や諧謔が封じ込められていることがしばしばあって、文明という人間の器に由来する味わいのようなものが滲み出る。このような一連は文語定型の中に収めて詠むのは困難に違いない。それは技法であり、修辞のひとつの型として採用されたと感じる。

前川佐美雄は文語定型と口語歌、文語、口語併用など様々な試みをしている。

何んといふひろいくさはらこの原になぜまつすぐの道つけないか
ひじやうなる白痴の僕は自転車屋にかうもり傘を修繕にやる

一首目は奔放な口語歌にみえて、実は五・七・五・七・七の定型が守られていて、反逆の気分の中に定型へのストイシズムとも言うべき節度が窺われる。二首目は口語体だが初句に「ひじやうに」では間が抜けて「ひじやうなる」と文語が用いられているが「ひじやうに」では間が抜けて締まりがない。むしろこの一個所の文語表現がダダイズム的修辞にかくし味のような詩的効果とも言うべき味わいをもたらしている。

キャバレーに行くこともなし東京の夜を冬赤きにんじん食べる

この一首は土屋文明の手法と同様、結句の口語使用が不思議な滋味と寂寥感をかもす。

山崎方代には文語定型、口語定型、口語破調などバリエーション豊かだが、方代の口語使用には文体としての意識がはっきりと看てとれる。方代のよって立つ孤独、人恋しさ、ユーモアは、彼と酒を酌み交わした人間には直ちに納得できるが、独立した作品群においての人間と文体の一致に改めて呆然とする。

こんなところに釘が一本打たれいていじればぽとりと落ちてしもうた

山崎方代

そこだけが黄昏れていて一本の指が歩いてゆくではないか

一粒の卵のような一日をわがふところに温めている

寺山修司

方代にとってこの文体が一番フィットしている、と言うよりこの文体に至る人間存在の意味が読者に鋭い一球を投げ込む。多分にもれず駄作も多いが、これら秀作には口語脈のもつやわらかな懐に方代が抱きしめられ、また方代自身が抱きしめているようなところがある。

寺山修司には文体としての口語歌へのアプローチの意識は希薄だったように思う。本質的には文語定型、それも方代とは異質の熱を帯びた文語定型の「型」をもっていた。口語脈はその型からの漏水のようにも思う。

古着屋の古着のなかに失踪しさよなら三角また来て四角

寺山修司

人生はただ一問の質問にすぎぬと書けば二月のかもめ

これらが修司の口語脈の典型とは言い難いかもしれない。しかし、一首の構成は修司のものであり、口語使用のつながりも修司のレトリックである。

然《さ》ういへば今年はぶだう食はなんだくだものを食ふひまはなかった　　奥村晃作

ボールペンはミツビシがよくミツビシのボールペン買ひに文具店に行く

奥村晃作は不思議な口語の使い手である。日常の日常性に身を浸しながら、ただごとの不可思議を口語に託す。そこから見える風景は今《いま》の昨日と今日と明日であり、その不確実性が口語使用のほどよい手触りとなってただごとの非日常性を読者に喚起する。

逆立ちしておまへがおれを眺めてた　たつた一度きりのあの夏のこと　　河野裕子

たとへば君　ガサッと落葉すくふやうに私をさらつて行つてはくれぬか

河野裕子の青春歌の口語の詠みは、その後の若い世代の口語歌の先鞭をつけたような趣きがある。しかし、その実感は旧世代と共有できる質のものを含み、ある意味では現代口語歌の古典に位置する普遍性と瑞々しさを備えている。青春と、そこに湧出した詩想が口語を引き寄せたといって差しつかえない。

俵万智は口語歌、いや歌界の革命児だろう。歌界という窮屈なコップの世界を跳び出して誰もが名前を知っている。

思い出の一つのようでそのままにしておく麦わら帽子のへこみ　　俵　万智

愛された記憶はどこか透明でいつでも一人いつだって一人

「もし」という言葉のうつろ人生はあなたに

一度わたしに一度

俵万智に関する論考は難しい。専門歌人ではなく「素人」として登場した彼女は、その存分の自由のなかに、口語のもつ柔かさ、軽さ、陰影を駆使する天分に恵まれている。かつて啄木がそうであったように青春という刹那の時を繋ぎとめる技倆は稀有のものである。しかし、こうした手わざはしばしば夭折のかたちにおいて歴史に刻印されるものだが、彼女は生きている。素人の閃きはいつか行き詰まる。俵万智は十分その隘路を承知している。口語歌に鮮やかな一頁をひらいた俵万智が、ひらく次の頁に関心をもつのは私だけではあるまい。

荻原裕幸は師の塚本邦雄的修辞の呪縛と、荻原自身がもつ四次元的言語空間への彷徨が入り交じった口語歌の使い手であるようだ。

プテラノドンが例へば第二象限に棲むなら街も楽しいだらう　　荻原裕幸

感覚と修辞があって実体がないが、こうしたアナキーな詩空間を造り出すためには、実体は不要かもしれない。「プテラノドン」といった語彙に師の影をみるが、それは当然のことで格別邪魔ではない。結句の「楽しいだらう」に荻原の口語の使い手としての才を発見する。時折歴史的仮名遣いに疑問符を呈したくもなるが、この一首はほどよく利いているのではないか。

三十代のみどり静かにみちわたり微かにぼくがゐることを識る

この一首は、あるいは荻原の歌の典型ではないかもしれない。ここには時代とナイーヴな自己認識がある。アナキーなカオスとやわらかな己の振幅の中で口語が操られている。修辞の冒険を続けてほしい。

ゴムボートに空気《エア》を入れながら「男なら誰で

もいいわ」と声たてて笑う　　　穂村弘

日曜日　車の尻にガソリンのホースを刺せば
響くハレルヤ

透き通る受話器のなかのカラフルな配線を視
る勃起しながら

穂村弘は多分なかなかの才人だろう。現代日常のごくありふれた風俗、道具だて、場面設定、それに時折見えすいた性的偽悪趣味を露わにしてみせながら、作品として一本立ちしたとき、そのまがいものに生命を吹き込む力量を右の作品などに発見する。惣菜の素材を料亭の一品に仕上げるような不思議な手品師である。勿論駄作もかぎりなく多い。べつに口語でなくてもこの手品師は、百首に一首ぐらいは「はっとする」作品をつくるだろう。しかし、本人は短歌とはそういう詩型であると口語を繰りながら悟っているのかもしれない。

加藤治郎は時代に敏感な目先のきく口語歌人であろう。これは褒め言葉である。どんな状況にも柔軟に対応できる感性と詩的適応性を備えている。ときに「ボク」でも「キミ」でも「我」でもよい。無言の余韻にも饒舌の混沌にも立ち向える。それゆえに口語の豊饒さと限界も承知の上で口語を操っている。

耳たぶにひかりはふれてぼくたちの体が音を
たてるさみしさ　　加藤治郎

タ…。タ…。タ…。水滴をまといはじめたむ
らさきの海老

口語歌は、私について言えば好みの落差が文語歌よりも大きい。その詐術とも言うべき言葉の危うい操りが現代短歌に幅と奥ゆきを与えているのを見逃してはなるまい。

（「短歌」一九九八年九月号）

GHQと言語空間

戦後、占領期のGHQによる文学を含む新聞、雑誌、放送等への検閲問題について、過日その方面に明るい江藤淳氏に会う機会があり、この問題について突っ込んだ見解をうかがった。アメリカ軍は戦勝を見越した上で、敗戦後の日本について彼等が考える日本の将来像をデッサンし、すでに戦中から周到に検閲プログラムを準備して、戦後それらを実施した。勿論戦前、戦中も特高警察を中心とする厳しい思想統制、検閲があったことは言を俟たないが、戦後別の権力が日本の言語空間を支配した。

江藤氏は新聞の文芸時評を担当していた昭和四十年代半ば以降、「〝繁栄〟のなかで文学が陥没し、荒廃していった」「自分たちがそのなかで呼吸しているはずの言語空間が、奇妙に閉され、かつ奇妙に拘束されているもどかしさを、感じないわけにはゆかなかった」ことを強く意識し、その実態を知る手がかりを得るため米国に行き、占領軍が持ち帰った膨大な検閲の一次資料を渉猟した。その研究内容は『閉された言語空間』（文藝春秋社刊）に詳しく記されているが、それを一言でいえば「占領期のアメリカ軍の検閲は日本の思想と文化を殲滅するためのものであり、検閲がもたらしたものは、日本人の自己破壊による新しいタブーの自己増殖」ということになる。

この説を諾うかどうかは別にして、深いおもいに囚れた。何故ならそこには、戦前、戦中と戦後の価値転換を含む言語活動について再考すべき提起が込められており、更に戦後民主主義そのものの問い直しと、江藤氏の言葉を借りて言えば、現在の文学の置かれている「陥没」「荒廃」の状況が、敗戦直後のアメリカ占領軍による検閲に淵源を発していると把えているからである。それは言葉を替えていえば江藤氏の言う「通説によれば、日本は敗戦、占領と同時に連合軍から『言論の自由』を与えられたことになっている」という「言論の自由」そのものについて問い直さなくてはなるまい。これは決して戦前、戦中に思想、言論の自由があったという意味でもなく、その旧思想を賞揚するものでもない。しかし、その問い直しは従来の政治的イデオロギーから自由でなければならない。

岡井隆氏は、斎藤茂吉の戦後の沈黙と作風の変化について、かねがね疑問を抱いておられ、この研究を続けておられるうちに、江藤氏の『閉された言語空間——占領軍の検閲と戦後日本』を読んである示唆を得られたと、江藤氏に手紙を出されたことを江藤氏からうかがった。それはこの書の文庫版のあとがきにも記されている。

岡井氏がどのような示唆を得られたかは、御本人に訊かねば分らないが、茂吉ですらその埒外にいたわけではなかったとすれば、茂吉の戦後に深い感慨を覚える。戦後の歌界についても、再度そうした大きな枠組みそのものを洗い出す作業を始める時期にさしかかっているのではないか。

（「歌壇」一九九五年一月号）

歌の行方

二十一世紀が間近に迫ったいま、現代短歌の位置と方向についてすこし考えてみたい。

短歌はこれまで外的、内的要因によって常に滅亡の危機意識をバネに生きのびてきた詩型だが、いまその危機意識が希薄になりつつある。戦後の危機意識の中で、昭和三十年代に点火された前衛短歌運動は、当初「黙殺と忌避」という歌界の反発に遭いながらも、いまや現代短歌の中心流を形成して久しい。当時の旗手、或いは同時代の異才もすでに重鎮の齢にある。一方、中堅、若手はその吸引力に時に嫌悪すら覚えつつも、未だに新たな地平の獲得に至らず、文学の衰退状況の中で呻吟《しんぎん》している。私自身その埒《らち》外《がい》ではないが、なれ合いを好まない。むしろ歌界というコップを超えて文学全体の中でその位置を問いたしかめてみたいという初心が離れない。

声殺すこの青葉闇　日本は亡びずあまつさへ滅び得ず　塚本邦雄

灼け伏せる夏のくさむら絡み合ふくちなはの眼に星またたけり　前登志夫

一羽踊れ、つぎつぎに頸さしかはし踊れといひぬ近づく春は　岡井　隆

角川書店『短歌年鑑』（平成十年版）から。それぞれ代表作というのではない。ただ各々の個性が健在である。個性の持続は時に自己模倣と、酷な指摘をする評者もいるがそれは詩の質とは関わりがない。その詩が残るかどうかは歴史が否応なくきめる。

ジューサーとミキサーの墓場想いつつおまえの脚を折り曲げる夜　穂村　弘

人を抱くときも順序はありながら山雨《さんう》のごとく抱き終えにけり　吉川宏志

同じ『短歌年鑑』から。若い世代の性愛をテーマとした作。ところどころに難解な飛躍と修辞はあっても醒《さ》めた感性がみえる。集団より個に向かい「運動」のエネルギーを匂わせるものではない。それがいまの歌の一つの方向を暗示しているのかもしれない。

かつての短歌運動の戦士たちは危機感をもって運動を懐かしむ。とは言え歴史は個の資質の産物としての作品しか問わぬ。運動は必然として、後からついてくるものである。

（「朝日新聞」一九九八年六月一日）

加藤克巳の出発

加藤克巳の処女歌集『螺旋階段』から最新歌集『矩形の森』の「解体の快」までを読み進んだとき、その変貌せぬ精神と歌のかたちに、螺旋階段を果てしなく昇りつめる無限軌道の「動体」のようなものをおもい泛べ、ふとその動体の出発点に関心をもたざるを得なかった。

加藤克巳の出発の参考として記せば、大正末期から昭和初期にかけてプロレタリア文学の勃興と退潮の流れのなかで、キュビズム、ダダイズム、シュルレアリスムなどの新しい芸術潮流が、あたかも寒流と暖流が入りまじるようにぶつかりあう。こうした中で、歌界では昭和四年四月、前川佐美雄、石榑茂が「尖端」を発刊するが、即日発売禁止となる。しかし、昭和五年には筏井嘉一が「エスプリ」を発刊し、前川佐美雄もそれに客員となり文学潮流の潮目の葛藤を窺わせる。こうして新しい歌風の短歌が結社を超えて新鋭を中心に台頭をはじめ、新芸術派歌人倶楽部が結成されるが、内部は必ずしも一枚岩ではなく、分裂を繰りかえす。玉城徹の言葉を借りて言えば「沸騰とほとんど並行して解体がはじまって」いたのである。新風内部の分裂は分裂として、前川佐美雄は昭和五年七月に、新風試行の成果を問うべく処女歌集『植物祭』を刊行する。こうした潮目においてこの歌集の毀誉褒貶は当然のことであったが、佐美雄はその後、新風の仲間を中心に詩や翻訳詩、俳句、評論、絵画などを包含した、短歌を中心とした総合文芸誌的な雑誌の発刊を着想しながら東京より奈良に帰住する。

昭和九年六月創刊の「日本歌人」は、そうした新風の歌人たちが顔を揃える。佐美雄のほか、石川信雄(夫)、早崎夏衛、早野二郎(臺氣)、斎藤史といった歌人たちである。これらの歌人たちは、その三年後に登場する加藤克巳に少なからぬ影響を与えた先輩、盟友が含まれている。

まず『螺旋階段』の幾つかの作と、これら新風歌人の幾人かの作を併読してみたい。まず『螺旋階段』。

桔梗のむらさきのいたさ病む胸をすりよせて
石の墜つる音きく

旗ばかり人ばかりの駅高い雲に弾丸《たま》の速度を
見送ってゐる

まっ白い腕が空からのびてくる抜かれゆく脳
髄のけさの快感

莨のけむりからまる幹は伸びたちてわれの左
手まひのぼりゆく

慄えつく冬のひかり眼球をひたぶるにみがく
庭にくだりて

のばす手にからまる白い雨のおと北むきの心
午《ひる》を眩みぬ

船腹に海鳥の翳を失ひてより青いペンキにま
けてしまへり

「日本歌人」創刊号には冒頭に佐美雄の「歴史」十五首、早崎夏衛「黒表」十三首、早野二郎「海への会話」十五首、斎藤史「痴春」十六首の他に、石川信雄は「松本良三論」を掲載し、堀口大学がマックス・ジャコブなど「訳詩二章」、竹中郁が詩「エスプリ見本」を寄稿している。この中からまず早崎夏衛の作品を引いてみたい。

みづからを沼藻の底に蹴おとしてひとに見せしは幾度《いくたび》ならむ
アブサンにみなくれてやりしかなしみをまたもとめつつ気違ひとなる
小檜木の垣をくぐつてとんでいつた猫の眼付の険しさがのこる
鶺鴒の羽にもまさる雲の片《ひら》のかかりゐる空は美しいかな
あざけられてきびしくなつた顔のままトイレットの銀の鏡にむかふ

加藤克巳がずっとのちにこれらの作品を目にしたとしても、草創期の「日本歌人」で、とりわけ注目したのは早崎夏衛であったろうと想像する。

これらの作品には新しい西欧芸術思潮を摂取し咀嚼する試行の跡が鮮明である。それはまぎれもなく昭和一桁の時代の文芸の彩りと匂いをもっている。ただこれらの一連には、戦争に傾いてゆく日本をとりまく内外の政治経済の状況や、それに向き合う国民の心情や心理が必ずしも映し出されてはいない。新しい芸術思潮の旺盛な受容が先行し、この時期にはまだ時代状況の作品への投影は幾分ないがしろにされた観がある。むしろこうした新風短歌への先駆的な実験に意義があったと言えるだろう。ともあれこの早崎夏衛こそが、のちに加藤克巳二十二歳の『螺旋階段』の序を引き受けることになる。序の中で早崎は「本歌集刊行の目的が従来の歌集の如く過去の業績を統制整理するといふ点にあるのではなく、今後結晶されんとする彼のタンカ芸術を示唆するところに意図があるのを特長とする」と述べる。これに対して加藤も『螺旋階段』後記に「螺旋階段は一九三五年、早崎夏衛、岡松雄氏等と〈短歌精神〉に拠る新しき短歌運動を興してよりの作品中より比較的自分の特長をあらはしたもの二四七作を自ら選して、以て内容としたものである」云々と記し、二人は新たな「タンカ芸術」の創造、昇華をめざして切磋琢磨した盟友であったことが窺われる。早崎夏衛は『螺旋階段』に先んずること一年余前の昭和十一年六月にすでに第一歌集『白彩』を上梓している。これらの意味あい、関係から『螺旋階段』の作品群に早崎的色彩の投影が発見できたとしても不思議ではない。

　次に早野二郎の作品を引く。

BOUTONNIÈRE に薔薇植ゑこめば胸のうへ世界のえんとつをかんじくるなり
芝のうへに椅子はパイプでできてるからハガネのうぐひすはだかを曝す
あたらしく肉体に硝子をのみこんで野に晒さるるさくらさき出す
繁殖の器械えんとつ海くぐりヒトデのごとくそらに化せらる
花をうる花のうつくしい少女見ればブリキの手套くろく反りあり

　これらの早野二郎の作品には、早崎夏衛よりも一歩進めて新たな西欧芸術潮流が、真っ正面から色彩と物象《オブジェ》をともなって体現されている。「日本歌人」の草創期が指向した新風のかたちが看てとれる。そこには文体としての批評精神よりも、西欧芸術思潮のイマジネーションを全身で感応し、短歌型式への実現を試行する。早野二郎はのちに名を「臺氣」と改めて戦後を生きたが、歌界にさしたる名を残さずに昭和四十九年に没した。

　加藤克巳は戦後に早野と親密な交流を始めるが、早野の歌は戦前から注目していた。加藤は早野二郎について「私は戦前『日本歌人』誌上でこの人の歌を知ったのだが、そのよさ、おもしろさは抜群であった。前川（佐美雄）、石川（信雄）、夫々特色のあるものであったが、早野二郎の歌はまた、全く質を異にした、最も新しい魅力にみちた、すばらしいものであった」（「個性」昭49・3）と、絶賛し早野の詩質を高く評価している。

たしかに早崎夏衛、早野二郎の試行は現代短歌に架橋する一つの光芒であり、とりわけ早野のダンディズムとある意味で西欧の芝生を剝いで日本に移植したような純粋無垢のポエジー短歌精神に加藤が共感したとしても何ら不思議ではない。むしろ『螺旋階段』から最新の『矩形の森』にいたる加藤克巳の作品精神と、どこかで相通ずるところがある。

斎藤史の作品はどうか。もちろん昭和六年に佐美雄らと「短歌作品」を創刊して後の作品、みずから家族が巻き込まれた二・二六事件の前の作品。史の処女歌集『魚歌』は昭和十五年に上梓し、加藤克巳の『螺旋階段』よりも三年あとになるが、歌人としての出発は年長の史の方がはるかに早い。

山の手町が巴旦杏《アマンド》の花に霞む日にわが旅行切符切られたるなれ
空の風船の影を掌《て》の上にのせながら走り行きつつ行方も知らぬ
両足をぶらぶらさせて休み居るいつか日暮れが来るのであらう
太陽神《ジュピター》がとほうもない節《ふし》の鼻唱をうたひ出すともう春であつた
春風に窓あけやうと思ひ居るたのしさなれば窓は閉ぢてある

これらは『植物祭』の世界のイメージや修辞が感じられるが、男性的な骨太の詠みぶりはまぎれもなく斎藤史のものである。どこかエキゾチックな設定と懶い自己存在の日常性を詠むなかに新風の在処を模索している。

独断的な解釈をゆるしてもらえるならば、早野二郎、早崎夏衛のダダイズムやシュルレアリスムの受容と短歌型式への試行は、ポエジーとしての質の高さは首肯しうるものの、短詩型には収まりがたい詩空間を封じ込めようとした「実験」であった。それに対して斎藤史は試行のなかにも、他者にあらざる自己を投影させて、短歌型式としての一定の完成度に達し、その後の斎藤史が用意されている。

　加藤克巳が史のこの頃の歌をどのように眺めていたかは、彼の作品からは窺い知れないが、むしろ早崎夏衛、早野二郎の「実験」により関心を示したのではあるまいか。

　最後に同じ号の佐美雄の歌を引く。

竹林の奥どにくらい風吹けりもう鉄剣もたふれたるまま
砂庭の夕日におりて爪《つめ》きればすでにほろべる爬虫類のこゑ
火をとぼし夜《よ》の森の中をさまよふは悲しみ深きわが父と認《し》れ
何ものもつひに信ぜぬ日となりぬ見よ北の天《てん》あかがねに照る
春なれば開《ひら》かずの厨子にささぐべき白や黄の花を摘みとらむとす

　ここには『植物祭』以来の、時代や係累に対する呪詛にも似た反抗や告発が、新しい芸術思潮の風を纏って詠み込まれている。早崎夏衛の軽快な散文調の詩空間とも早野二郎の抜けるような明澄なポエジーとも異なり、家と大和の呪縛への抗いがみえる。

　そこで加藤克巳の歌のことである。昭和十二年という時代と二十二歳という年齢を考えるとき、『螺旋階段』という集そのものが放つ鮮烈さは格別のものである。作品の傾向は、佐美雄や史より、むしろ早崎夏衛や早野二郎に近いかもしれない。しかし、集中の「砲煙と薔薇」や「五月の頁」には時代感覚や危機意識を内包し、早崎、早野とはやや異質の詩空間をかたちづくり、直截な表現をさけた時代への告発、あるいは揶揄も読みとれる。

文科出のわれが沁みたる油服ぬぐとき妻は何か言はんとす
『エスプリの花』

孔雀は決して羽根をひろげないそんな生やさしい世ではないのだ
億兆の波の反覆をききながら岩壁にしがみついてゐるのは誰だ
一枚の手形をのろひ走りゆく車窓に街はけむりのごとし　『宇宙塵』

乱れあふ刃《やいば》のごとき冬の枝あかときの空に浮きあがり来る
春三月リトマス苔に雪ふって小鳥のまいた諷刺のいたみ　『球体』

クレーンの上昇冬空へきりりきりり重い思想を吊り上げてゆく
人間は装置の合間にしずかなる存在としてぽつん、ぽつん、とある　『心庭晩夏』

フライスに時がしずかにけずられていくときふいに兵士のうめき
寂莫の寺庭藪のかげうつす古池われの首浮きて見ゆ　『万象ゆれて』

誰も彼もたちまちけむりと消えうせてあわれおかしき夢というもの　『石は抒情す』

男はかなしみ言うなくかなしみて意味なき会話ふいに途切らす
山の音ききたり杳く過ぎ去りしかの世の音をまさにききたり　『ルドンのまなこ』

またならす連続かねをうちならすこの世のかねをうちならす母
ユンボが凄い魔の手をワーッと　たちまち壊滅する一棟一棟と　『矩形の森』

六十年が忽然と消えた　月下空々漠々　眼前無の哲学が

このように加藤克巳のこれまでの作品を任意に引いてみると、たしかに記念碑的な出発点となった『螺旋階段』から最新歌集『矩形の森』まで変わることがなく見事なまでに初心が貫かれている。事物の抽象性のなかに本質を捉えようとする詩的営為はときに糸の切れた凧のように宙空をさまよいかねない。しかも加藤の作品はこれまでしばしば社会性に乏しいという評言も受けてきた。しかし、加藤のこれまでの長い道程の中で、垣間みせる生活者としての貌は、加藤みずからの截り口のなかに十分な批評眼が己と他に向けられている。

「文科出のわれ」は國学院大学国文科卒業後、学校勤務を経て父の生業であるミシン工場を引き受けたときの違和感が、また「一枚の手形をのろひ」は、ミシン工場経営者としての屈託の日々、さらに「人間は装置の合間」は機械に囲まれた人間の孤独が独自の修辞で詠みこまれ、空想に浮遊しているだけではない。とはいえ、加藤の作品の多くは、そうした現実を大胆に抽象化し、それが危険な冒険であることを知りつつ、敢えてそれに挑み続ける。それがまた加藤の独自性であり、真骨頂でもある。ひとはそれを時に「未完の歌人」「可能性の狩猟者」「永遠の出発者」という。私はある意味でこれらの克巳に対する代名詞は、何十年という歳月を経ても頑なに姿勢を変えぬ克巳に対する驚嘆を含んだ讃辞として受けとっている。短歌定型を尊びながらそれに葛藤しつつ彷徨し、また帰還する冒険をはたして幾人の歌人がなし得たか。

ひとは青春の炎を処女歌集に押しばなのように封印し、成熟という歳月の推移のなかに、詩的衰弱を経験がもたらす技倆によって免れようとする。しかし、克巳はその道を選ばなかった。いやむしろ選べなかったのかもしれない。

ミシン工場経営者の責を担わざるを得なかった不本意な実業人の加藤にとって、実業は彼の詩的生活とは裏腹の現実を突きつけたに違いない。そうした心中の矛盾こそが、「短歌精神」以来の初心を保存してきたのではあるまいか。むしろ実業が苛烈であればあるほど、詩的冒険の炎も熄むどころか、かえって燃えさかったにちがいない。矛盾を矛盾として引き受け、それを内部でどのように結着をつけるかが重要なのではない。このような歌人はほかに見当らない。

螺旋階段をゆく無限軌道の動体は、それ故に終着に向けて動きをとめることはない。ミシン工場は「解体」したが、精神の在処はかわらない。佐美雄は、史はもとより、早崎夏衛、早野二郎ですら、この止まざる動体の精神に嘆息しているにちがいない。

（「現代短歌　雁」45号、一九九九年九月）

宮柊二——絆の寂寥

宮柊二は大戦をはさんだ昭和という時代のアイロニーに正面から向き合いながら、この時代の負に呻吟しつつ孤独に生の原理を求め続けたひとりである。戦後、一家の長子として老父母、妻子を扶養する荷を背負い、勤め人としての日常と文学への志に葛藤しつつ人生上で得た「悔しみ」を裡に蔵いながら「多磨」時代に白秋のもとで培った抒情を携行しつつ、ひとつの歌境を得る。

様々な忍苦と否定の精神の中から研ぐように紡ぎ出された歌の数々は生の重みと同時に、あらゆる夾雑物を削ぎ落した不思議に透明な独自の詩空間を形成する。にも拘わらずその歌のいくつかは遠く暗く、それでいて懐しい家郷の土と絆のにおいを感じさせる。

宮柊二の歌はかたくなに現実を離さない。むしろ詩的飛躍を拒みつつ日常身辺の人との邂逅をモチーフにした作を中心とし、とりわけ親や子の歌が頗る多い。ひとによって家族を素材にすることを避ける歌人もいようが、宮柊二にそのような衒いや配慮は全くない。むしろ家族を支える負荷の精神のなかに新たな歌の地平を拓いたかにもみえる。

父の辺《へ》に老いの寂しき醜《しう》のかげこの夜《よ》見しから泪は落つる　『小紺珠』

あゆみ去る後姿《うしろ》を母かとわがまどふなべての老の暗き寂しさ　『晩夏』

父も病み弟も病む今日は知るわが四十路《よそぢ》不意に険しき感じ　『日本挽歌』

こうした一連は不要な修辞を排した骨格そのものであり、それゆえにその悲傷は直截である。しかし、その行間に顕ちあがる作者の姿に戦後の時代風景を超えて一家族、家屋の柱と梁のなつかしさと温もりを感じる。変哲のない詠みぶりのなかの行届いた言葉の遣いに戦後短歌のひとつの方向が読みとれる。

氷雨うつ木の間の丘は暮れんとし父に寂しき冬の夜はくる

枇杷剝けば汁《つゆ》したたるを床の上ゆ眼放《まなこはな》たず父が待つなり

いざさらば別離《わかれ》と父が綴りたるいやはての字を辿りつつ読む　『多く夜の歌』

ここには己の生とそれに繫る絆の寂寥が感傷を含んで詠まれている。家族は精神の安住と慰藉の拠りどころであると同時に不安と寂寥をも提供する。「七日前に別離の言葉をしたためてゐた。乱れ乱れたる字を辿れば『長々御厄介になりまして、今日でお分れいたします』とあつた」とする詞書を読むとき、上田三四二が分析した「悔しみの文学」の柊二の虚飾のない素顔と精神のかたちを窺うことができる。家族は時に寂しいものだという素朴な結末に対する素朴な措辞が、かけがえのない一首を形づくっている。ひとは血縁の奥にひそむ不思議な魂の響き合いに耳を傾けるべきかもしれない。

をさなごよ汝《いまし》が父は才《ざえ》うすくいまし負《おぶ》へば竹《たか》群《むら》に来《く》も
『日本挽歌』

「子守歌」と題するこの一首にも「草生、布由樹、夏実とわれに三人の子孩あり。それぞれの尚いとけなかりしころに吾のうたひ聞かせる。屋出でて五分程歩を運べば河ありき、架せる粗橋をわたれば即ち竹群ありき」という詞書がある。これは『日本挽歌』のあとがきにある「自分の胸底を覗きこんだことがありました。覗きこんだ胸底には、累々とがらくたばかりが住んでゐた。生きることは、こんなに果敢いことかと思つたら、もう何も信じまいと覚悟しました。」と断絶と否定の宣言をした柊二の短歌世界に射し込んだ一条の光のような安住と慰藉の風景である。しかしこの二つの短かい言葉は相矛盾するものではなく、幼な子をあやす間にすらも人生の底を覗くような否定の精神を抛棄してはいない。同時に美しいもの、いとおしいものの中にこそかなしみをみている。

争ひてさまざまにしも生きゆかむ我が血伝《ち》へてうまれ来《こ》し子ら
『小紺珠』

幼子のこころにおかむ寂しさは何ならむこよひ早く眠りたり
『晩夏』

青空の中に行かなと子に言へば死ぬから嫌だと子の脅え言ふ

更にこうした情愛に満ちた父性と感傷は柊二が経て来た辛苦と隣り合わせにあり、血をわかつ子供への愛するがゆえの寂寥は三十一文字の詩型の中に、ある時は相聞歌、挽歌にも似た情の切なさとして昇華する。
　血の絆は永遠にみえて実はそうではなく、と云って離れがたい。柊二が安堵のなかで詠んだ筈の親や子の歌に、そうした人間の宿命相をみるのはあるいは深読みにすぎるかもしれない。しかし、柊二の辿った峠の跡をふり返れば、その寂寥の由来にもまた納得できるのである。親や子の歌を詠むことはつらい作業なのである。

（「短歌」一九九六年二月号）

斎藤史のVirtue

斎藤史は昭和という時代そのものを纏った樹木のような人である。それも大きな葉を繁らせた丈高い樹である。私は斎藤史を知っているが恐らくそれは一般にいう知ったことにはならないだろう。昔二、三度その姿に接し、声をかけられて、そのひとの風姿とその片言隻句の印象を、永く蔵っているに過ぎない。のちにその作品と文を読み、その人と人性と想いを知ったのである。

ただ少年時代とはいえ、そのひとから受けた人相、風体に対する第一印象というものは消しがたいものである。しかし、人相、風体によって導かれた第一印象による判断が、それ以外のあまたの情報によって覆されたという経験はまずない。こういう第一印象による判断がしばしば偏見への陥穽に嵌ることも十分承知しているし、その判断が感覚的に過ぎて、思い込みに振りまわされる場合の少なくないことも知っている。しかし、エドモンド・バアク風にその偏見に執着して言えば、昭和三十一年の信州上林温泉における「日本歌人」の夏行での斎藤史の印象は、一人の中年の婦人像を超えた大葉を繁らせた樹木であった。その大きな樹木のような風姿に人を圧する迫力のようなものを感じたのである。しかし、その時は迂闊にも、というよりは私自身幼なすぎて斎藤史のなかに「昭和」の衣装を見出すことは出来なかった。のちに石川信夫らと共に「短歌作品」以来の佐美雄の仲間と知り、その作品を読んで昭和の具象を不可視の詩世界に造形する才におどろき、樹木の第一印象が正鵠を射たものであることを納得したのである。

佐美雄はかつて「日本歌人」の同行者の一人で、繊細にして格調の高い作品を遺しながら比較的若く世を去った見原文月の追悼に際しての一文の中で、同行のきっかけについて次のように述べている。「一諸にやりたいのなら一諸にやらうぢやないかと言ふだけのことで、つまり馬は馬づれ、牛は牛づれといふに過ぎなかつたのである。石川信夫や斎藤史を思へば最初から私とはこの馬は馬づれ、牛は牛づれで今日に到つてゐる。」（昭和二十九年十二月）凡そ文学の仲間というものはそういうものであろう。様々な契機、必然は短歌史家の吟味、究明するところである。

昭和六年二月号の「短歌作品」を開けてみると次のような作品がみえる。

枕ちかく闇に息あるものが居てしきりに寝顔襲はうとする　「夢魔」　斎藤　史

かざされた白微光のあるてのひらにやがて寝顔が透明となり

底知らぬ空のまんなかに飛びおりる快さのほかはわすれはてたる　石川信夫

空のなかをしろい火のはしる夢すんで花びらのやうなり眠りがのびる

手のひらに白い小蝶をねむらせて何か不思議

な談《はなし》をしだす

草ばかりさやぐ野なかに母を呼ぶ母よこの野
は涯《はて》しなく遠き　前川佐美雄

この同じ号の三者の作をみると超現実にして新奇、エスプリの詠風は新芸術派運動の推進を十分感じとることができ、コクトーやアポリネールの感化が昭和一桁時代の軽ろやかな詠風として共通の特色を為している。こうした傾向は昭和九年六月創刊の「日本歌人」においてもみられ、創刊号における史の十六首「痴春」の中の次のような秀作も同様の傾向を示すものである。

アレイカの蔭の午睡《ひるね》の眉の上に海図映されて
夢はつめたき

多肉植物の葉裏は赤く春の月に海亀ら砂の丘
越えくる

こうしたある倦怠《アンニュイ》と明るさを含んだ鬱然とした象徴派風の作品はこの時代の新風短歌の共通の詩風景をイメージしながらも塚本邦雄が指摘するように既にひとつの達成をみせている。この場合の達成とは作品の完成度をさすだけではなく移ろいやすい時代の景色を越えて歴史を耐久しぬいたというひとつのVirtueを備えている点である。とりわけ斎藤史におけるVirtueとは語源でいう「雄々しさ」のような含意を持ち、通常女歌とは一線を劃する性格のものである。

そうしたVirtueを顕在化させたのが「父を歌ふ」の一連であり、ピークをなすのが身辺に突然襲いかかって来た二・二六事件、「濁流」とそれに続く諸作である。ひとはそこに深い抒情性と共に思想性、歴史性を読みとり、斎藤史に備ったVirtueの具体を明らかにしている。

昭和十六年三月号における「日本歌人」の『魚歌』『歴年』批評をみると、三好達治は「いったいこの作者は理智的でてきぱきとしてゐてまた随分意志的な一種男まさりの風があつて、観念の輪郭が常にはつきりとしてゐてさういふところから作歌の技量にもあやふやなところがなく」云々と、Virtueの所在を適確に述べているし、神保光太郎も「この歌人の感動は、いつも、おほらかで、まつすぐな線を示してゐることである。剣道でいへば恒に正眼に構へられた姿勢である。沖に静かに起つた波濤が白く、輝やかしく、幾重の山をつくつて、一直線に、岸辺に立つ読者の正面に迫つてくる」と、一般閨秀歌人への讃辞とは懸け離れた表現で『魚歌』『歴年』のVirtueに拍手を献じている。

二月廿六日、事あり。友等、父、その事に関る

羊歯の林に友ら倒れて幾夜経ぬ視界を覆ふしだの葉の色
春を断《き》る白い弾道に飛び乗つて手など振つたがつひにかへらぬ
暴力のかくうつくしき世に住みてひねもすうたふわが子守うた
たふれたるけものの骨の朽ちる夜も呼吸《いき》づまるばかり花散りつづく

こうした切迫した歴史断面の中に身をおいて、それを家族郎党の痛事として引き受ける一種アンティゴネーに似た勁さと、それさえも客体化し、そのなかに美意識を見出す元来の詩人としての覚醒が一連を屹立させている。「子守うた」で結ぶ一首は女歌のものでありながら、そこには客体化された歴史のなかに見た他人事《ひとごと》の風景のように抑制された己があり、同時に己が「はらから」の加わった昭和のテロルの劇《ドラマ》のなかに「暴力のかくうつくしき」と深い感応《シンパシイ》を示す。そこには「もののふ」の息女としての矜持と族《やから》の悲劇へのおもいと詩人としての避けがたい魂が渾然一体となっている。そうした精神のおもむくところ「呼吸《いき》づまるばかり花散りつづく」のである。そこにはセクシュアルにまで高められた悲の美意識が韻律化されている。ここに斎藤史の「生みだす力」としてのVirtueと、精神の勁さとしてのVirtueを看取することになる。

ところで、斎藤史の作品の絢爛と官能を早くからみていた人間に萩原朔太郎がいる。朔太郎は昭和十年前後の「日本歌人」の初期に東京歌会に屢々顔を見せて、云わばオブザーバーとして出詠歌について批評していたらしい。モダニズムを志向していた当時の「日本歌人」、とりわけ東京歌会のメンバーにとって朔太郎の出席は大いに励みになった筈である。若かりし斎藤史もその一人であったろう。私の手元にある昭和十年一月号の「日本歌人」を開くと、十二月の東京歌会記を斎藤史が記している。「十日夜神田白井に集る。ストーヴをたいて今年の最終の会である。従つて来年の話も出るし、ボーナスの話なども出たりして賑やかである。御出席下さる筈の萩原朔太郎氏に御差支への出来たのは残念だつた。お正月の会には必ずといふ御電話であつた」と、朔太郎の来駕を心待ちにしていた様子が窺える。同じこの十二月号には中原中也が「黄昏」、稲垣足穂が「懐中時計」、堀口大学が「第二の自我」、春山行夫が「メキシコ抄」などの詩や訳詞を掲載、阿部知二が評論、足立源一郎がデッサンをと、さながら綜合芸術誌の趣きを呈し、朔太郎も当時の寄稿者のひとりであった。

その朔太郎が『魚歌』について、「ちやうど嘗て北原白秋氏の『桐の花』をはじめて読んだ時と同じやうな鮮新な、そしてやはり『桐の花』と同じやうに歌壇の普通の歌とちがつて豊烈な詩の感じがした。（中略）、いまの歌壇では詩を排除しているから『魚歌』のやうに詩的香気のつよい作品は歌壇にいれられないだらうと思ふ。僕らにはいまの歌壇のうたよりもはるかに魅力があつた。」（昭和十六年三月号「日本歌人」）と、当時の歌界状況を批判しつつ斎藤史の歌の魅力に触れている。その一方で「但し歌の正確な韻律をはづした破格の形式は僕としてはあまり賛成できない」とも述べ、些かの苦言も呈している。どうやら朔太郎は破調のうたは余り気に入らなかったようであり興味深い。

私が「樹木」に見た斎藤史は二・二六事件を、また大戦を通過したあとの景色のようなものである。

そしてその大きく繁った葉はそうした昭和のドラマトゥルギーのなかで生じたものか、元来のものであるのかは定かでない。

　偏見を怖れずに言えば芸術家には劇《ドラマ》が必要である。自ら創り出す劇《ドラマ》か、突然遭遇する劇《ドラマ》かのいずれでも構わない。劇《ドラマ》のないところに詩の必然はないと云う説も一つの真理であろう。斎藤史の経た劇《ドラマ》は、その不可視の世界を韻律化する天分を一層深化させ、女性における「生み出す力としての徳」と、物事に立ち向う「雄々しさ」としてのVirtueを作品化せしめた。

　いくとせかほたる火を見ず哲久も佐美雄もあ
　らぬこの夏もまた　　　　『秋天瑠璃』

史のなかにそうした劇《ドラマ》の焔がいまもゆっくりと炎え続けていることに改めて「樹木」をみる思いである。

（「短歌」一九九五年一一月号）

前登志夫の手法と葛藤

　前登志夫について常に語られるのは「吉野」であり、それは十分に重厚な意味と時間を湛えた日本の原郷としての風土であるが、翻って一歌人の資質を問う時、「吉野」は、ひとつの場であって本質を為すものではない。

　秋山駿は「私は短歌には無縁な男だ。いや無縁というより、短歌というものに、ずっと微妙な疑いを抱き続けているので、もっと悪い間柄かも知れない。」と云い、更に「詩は、私の弱年の心が求めていた詩は、生の一つずつの粒子である言葉と言葉とを、衝突させては火花を発し、未知の、奇想外な、また異常な、精神の果実を剝き出してくれるものであった。ところが短歌には、そういう詩が寡かった。」とも云っている。

前登志夫はこのような短歌に対して懐疑を抱く文芸人をも屈伏させせる手法の工夫と発掘に苦闘して来た数少ない歌人の一人である。しかし、一つの逆説《パラドックス》は前登志夫が秋山の云うように本来の詩が豊饒に発見出来たかも知れない筈の現代詩を出発点としながら、何故に短歌の世界に踏み込んでいったかである。この謎について前登志夫は処女歌集『子午線の繭』の後記で、

かつてぼくは、ぼくの短歌も異常噴火だと言った。ぼくは二十代の情熱のほとんどを、現代詩に注いでいた。ぼくは現代詩という表現形式は、今もぼくには日常的に生きている。にもかかわらず、ぼくの生の激湍のようなところに、歌はあった。避けがたくこの定型の繭が、ぼくを紡ぎ出していた。

と書き、自由に浮遊するかに見える現代詩の中に短歌型式を発見捕縛したのである。岡井隆の指摘するように「前さんの歌は、詩集『宇宙駅』において実現し得なかった詩想の成熟を、歌（五・七・五・七・七の音数律をもつ古典的定型）において実現している。」とも言えるだろう。しかし、前登志夫は現代詩のつくり手としての詩人が転化した歌人と云う意味での狭義の〈詩人〉出身の〈歌人〉であるが、同時に「現代詩という表現形式は、今もぼくに日常的に生きている」のである。従って前登志夫の歌を読む時、ふとそこに三十一文字の現代詩を発見するのであり、更に言えば現代詩や短歌と云う狭義性の枠をはずした現代詩歌のある結晶した形をみることになる。従って前登志夫の作品とその手法を問うことは、現代の詩歌全体の相貌の中で捉えうるべきであって、現代詩や短歌という狭隘のジャンルの中で詮索しても余り意味がない。

さて、この稿の「前登志夫から盗め」という主題は甚だ直截の私には手に負えぬ性質《たち》のハウツウの臭いのするものだが、幾つか佳賞された作を点検してみよう。

夕闇にまぎれて村に近づけば盗賊のごとくわ
れは華やぐ　　　　　　　　　『子午線の繭』

『子午線の繭』の「交霊」冒頭の一首で、この作品三十首の小題「時間」に次のような詞が添えられている。

もう村の叫びを誰もきかうとしないから村は沈黙した。わたしの叫びの意味を答へてはくれぬ。人はふたたび、村の向う側から、死者のやうに歩いてこなければならない。芳ばしい汗と、世界の問をもって——

自分の帰るべき筈の村はあたかも自分を峻拒するような貌をみせ、自分はあたかも異邦人のような負い目を感じつつ密やかに夕闇をかくれ蓑にして村に近づく。ところがこの負の精神が心の内奥でいつしか「盗賊」の心境に変換され村は何かを、何者かを奪取すべき或る精神の保守として映じる。精神のヴァガボンドが逢着した村＝故郷は閉貝の貌をみせながら、盗賊によって受容されると云う複雑な二面性を持つが、それは故郷放棄者の帰郷の或るすがたである。沈黙し無視する村にイーコールで迫り、あるいは凌駕するものは「盗賊」の騒々しくゆすぶりおこす暴力性でしかない。それ故に「盗賊」は「華やぐ」のである。この精神の把え方と飛躍にこそ、この一首のポイントがある。例えば大江山の酒呑童子の華やぎこそ至高のものである、と感ずるような暴力性のなかの華やぎに注目する精神こそ、摂取すべきであろう。「盗め」とは、そういうことの謂である。

この父が鬼にかへらむ峠まで落暉の坂を背負
はれてゆけ　　　　　　　　　『霊異記』

これは大和にかぎらず、東北でも九州でも何処でもよい。日本の連綿と伝わる哀切の風景である。そして、この一首に特徴的なのは前登志夫のヴォキャブラリーとしての「鬼」と手法としての命令形が使われていることである。この「鬼」は一体何かと思う。日常性を超えたある涯の像とも言いうるが、前登志夫は小川國夫との対談の中で「機能としての言葉以外の、ある茫漠たる神々の時間というか、そういったものが言語の中にあるわけで、それを顕現させていくのが、文学者の一つの仕事とは思うんですね。」と語っている。ここで使われている「鬼」も、機能として使われている言葉以外の機能を発揮させているもので、そう読めば十分すぎる顕現をなした「鬼」であり、一首の哀切の風景に底知れぬ日本を感じさせる効果をもたせている。従ってこの「鬼」という言葉から摂取すべきは、一つの言葉が発する機能を超えたイメージを一首の中に適切に組み込むことであり、不用意な使用はかえって独善、舌足らずに陥る。「鬼」はなかなか厄介な言葉なのである。

もう一つの「背負はれてゆけ」という命令形の採用は、確かに佐佐木幸綱が指摘しているように前登志夫がしばしば用いる手法である。

ここにして言葉は絶ゆと婚姻の雪ふりしきれ
　雪ふりしきれ
わがうたふ森の家族《うから》のひもじくば木の間を行
きて火のごとく鳴け
みなかみに筏を組めよましらども藤蔓をもて
故郷をくくれ

これは「鬼」とは逆に言葉の機能をもって、顕現すべき詩空間を達成させるための技法である。佐佐木幸綱は「なぜ、前登志夫は命令形に執着するのか。（中略）日常、平常、常識からできるかぎり遠い地点に作品を実現するために彼の修辞上の工夫の一切はあり、命令形は重要な切り札の一つとして意識的に採用されているのである」と、適確に述べている。このように命令形を倣い採用するためには自己と制作さるべき一首との覚醒した距離感の測定が必要になって来る。

石ひとつ置きてかぎりぬそこ越ゆる少年の息

萌えて走りき　　　　　　『霊異記』

この一首における石と少年は様々の解釈と想像を可能にする。石は「静止」「堅固」「不変」「統一」のシンボルか、それとも精神の「結果」か、或いはアーサー王伝説の傲然と聳える「王位」か、など多様である。路傍の石くれにして越え得ざる結果が相応しいのかも知れない。一方少年は作者自身の愛すべき幼期か、壊れやすく、傷つきやすい幼体としての物像か、或いは「無邪気」「偏愛」の象徴なのか、いずれも想像と解釈は自由である。ただ象徴としての石と少年の一首が創り出したイメージは一つに収斂され、石と少年に限りない血液と体温を与えている。抽象のイメージの総体が逆に具体の心象を与えている。世に遍在する石や少年を自分の内なる特別の石や神に引き寄せる作業は何も前登志夫の歌からだけに摂取する筋合いのものでもないが、その用語法の展開に習うべき特殊を発見する。例えば結句の「息萌えて走りき」がそれに該当する。前登志夫の少年と石の歌を少しあげておく。

竹群ゆ押しくる冬の夕靄に少年の性は黄緑の繭

牛つれて檜原をすぎる少年は時間をわれに問ひて歩めり

をみなへし石に供ふる　石炎ゆるたむけの神に秋たてるはや

河原に石を拾ひて夏祈るをのこのものの形よければ

凍て星のひとつを食べてねむるべし死者よりほかに見張る者なし　　　　『樹下集』

前登志夫の出発点をなした詩集『宇宙駅』に息づく宇宙感覚と山人としての生活者の地上感覚が融和した一首であろう。北天の凍て星は光輝あるものが多いが、その星のひとつを「食べてねむるべし」と、軒端にかけられた吊し柿のひとつを取って食べるような山人の生活の手触りを感じさせるところに、馥郁たる詩人の無頼と憂鬱とを看過しえない。その無言の監視人の「死者」も、見張りながら詩人の無頼と憂鬱を容認する。この「星ひとつを食べて」と云う表現は吉田一穂の硬質とメランコリーとも異質の、云わば土俗のポエジーであろう。これは前登志夫が自然な形で纏った山人の声調のようなものであるが、同時に自身の軍隊体験、兄の戦死、終戦を通しての実在としての死への接近が遊戯のように語られる「死者」の中にも息づいてみえる。

こうした一首を倣うことはた易いかもしれないが、「星のひとつを食べる」といった奇抜の背後に、例えば三つのW、つまりWAR（戦争）、WOMAN（女）、WINE（酒）に葛藤する詩人の相を視なければ一行の詩など成り立ちえない。この一首にそれを求めることは深読みに過ぎるかもしれないが、前登志夫を摂取するということは、それに葛藤する奥行きを識るということであろう。

（「歌壇」一九九四年六月号）

解説

世紀末の歌境

松平修文

前川佐重郎氏の第一歌集『彗星紀』（一九九七年九月刊）について、思うところを書くに当り、十九年ぶりに同書を再読した。一方で私は、この歌集が出た当時その感想を、日記がわりにしていた手帳に書いたことを思い出したので、押入れの中からそれをさがし出した。その読後感（全文）は、次のとおりだ。

「彗星」は、凶事の前兆とされるから、世紀末の象徴と言ってよいだろう。作者は、かつて天文少年だったそうだ。なる程、この歌集を読んで、私は佐重郎氏が、少し浮世離れしたような感覚を持つ人だと思ったので、納得した。五百首余の作品のうちの多くが、私には意味がよく解らない。しかし読みすすめるうちに、これはこれでいいのではないかと、思い始めた。意味の解らなさは、自動記述法のせいで、誰もが通常やる程にはあとで辻褄合わせをしたり、推敲をしないからでもあろう。そして一寸面白いのは、意味など少し位解らなくてもいいと、佐重郎氏自身が思っている節があることだ。このことは、歌よりも詩に多く時間をかけ集中してきた佐重郎氏と、歌一本でやってきた人とは、少し差があるだろう。実は、この歌集には、秀歌と思われるものが全体の一割以上もある。数えたところ六十四首。相当の歌人の歌集でも、私が選ぶと、これはと思われるものは大抵十首に満たない。だから、この歌集は、少なくとも私個人にとっては、名歌集の部類に入るということになる。彼は、独得のデリケートな感性によって、完璧な仕上げの一歩手前で、推敲を切り上げ、独得の歌世界をつくりあげる。こわれた意味、こわれた詩型（破調）による世紀末の演出。佐重郎氏の場合は、破調は少なく、主に前者のこわれた意味によって、世紀末の歌世界を演出してみせるのだ。

十九年ぶりにこの読後感を読み、この歌集を再読した今の感想と殆ど変わっていないことに驚く。それにしても、思わず私を笑いに誘ったのは、読後感にある秀歌が六十四首だ、というところ。十九年ぶりに読んだこの歌集から私は気に入ったものをノートに先ず書き出してみた。そして数をかぞえたら、六十四首だったからである。その六十四首の大半が昔選んだものと殆ど同じ作品であるかもしれない。

　さて、作品を少し挙げてみよう。

転機といふ言葉はつねに鮮《あたら》しくわが頬を搏つ
熱きシャワーと
無為にしていくとせの罪科《とが》忘れしかライオン
吼《な》けばそのこゑふかし
左眼《ひだりめ》を毀《こは》して映るわれの窓　藻類のやうな雲
ちぎれとぶ
まなかひを過ぎゆく繊雨《せんう》この夏のはがねの鬱
を誰に負はせむ
やうやくに捕らへし星はまたたけりわれ身顫《みぶる》
ひす生《しやう》のあること
さだまらぬ春のひかりに揺られつつ揺られつ
拉《しだ》く無傷のこころ
間歇の風をあつめていくたびか魔女のたはむ
る糸杉の塔
遅れなほ急《せ》かるる吾にさみどりの原ありて見
ゆ風の細道
その頸《くび》に暗黒の見ゆエロス見ゆみづに没《い》りゆ
く白鳥一羽
しづかなる雨のことばに顕《た》たしめし黒くおも
たき二月のつばき
夕鴉《ゆふがらす》人界の劇見下して笑ひてゆけばその翼《はね》か
ろし

　これらは、いずれも意味不明などということはない。完成度高く、リアリティもあり、秀歌と呼ぶに躊躇しない。誰でもが、優れたものとして、賞讃することだろう。しかし、佐重郎氏の誰にもない個性が存分に発揮されているかと言えば、そうではない。佐重郎氏は、過敏な神経の持ち主である。その神経から生み出される、冷え冷えしたレトリック。そして先に述べた敢えて不完全なかたちで切り上げてしまう物や事の描写。物に明確な形象なく、事も又、意味がこわれかけている。それが、佐重郎氏の際立った個性である。

きはまりし夕焼けの一部截《き》りとりて父に献《おく》れる十歳の腕《かひな》
海岸の砂のおぼろを羞《はにか》むを少女は布裂《きれ》の裡に潜みて
海ふかく潜める艇のいみじくもTEAR-DROP《なみだのしづく》といふはやさしき
ゆふやみの迫れる市場《いちば》顔や手を買ひ求めゆくヴェニスの小銭《こぜに》
ひそやかに空に投げらる纜《ともづな》を摑みて起てるあかときの骨

これらに見られるのは、錯覚的、幻覚的な映像の鮮明な断片である。それらは過ぎ去った時期、生の記憶のかなたからやって来たもののように、冷え冷えとした影をひいていて、切ない。

二十世紀末にでた異色ある歌集として、『彗星紀』は、多くの人々に記憶されてよいと思う。

「美」の継走

――歌集『彗星紀』

小川太郎

誰も、自らの父母となるべき人を選んで誕生したわけではない。それは「偶然」と呼ぶには余りに厳粛な事柄であるが、人はそんな風に生を始めなければならない。

前川佐重郎の歌を詠むとき、父・前川佐美雄の影を見ようとする興味を極力排除して対するのが礼であることは当然であるが、それを完全に払拭するのも、人の常としてなかなか難しい。あとがきによると、佐重郎が再び歌人として立ったことには、父の死もひとつの契機としてあった。

それから七年余、前川佐重郎は、この『彗星紀』によって独自の作品世界を創造した。読み進むうちにこの書は佐美雄の存在とはまったく無関係に私を魅了した。そして同時にすべてを読み終えた後、逆に、深い底に佐美雄との血縁の流れを感じたのも確かだった。かつて十八歳の寺山修司は〝新人賞受賞の弁〟に、「火の継走」というタイトルを付した。佐重郎は『彗星紀』で佐美雄から美事に「美」を継走した。佐重郎は佐美雄を父として自ら選んだのである。

集中には、シュールレアリスムの手法を思わす作が多くある。

百頭の馬の蹄《ひづめ》の鳴る夜半のそこより展く麦立つ冬野

冬林檎あかき頭蓋にかはりゆき世のしづけさを響《な》りゆく夜半《やはん》

佐重郎の「夜半幻想」は、一幅の名画のように鮮やかにイメージされる。幻想はみだらに逸脱することなく、瀟洒な定型の額に納まって、読む者を楽しませてくれる。〈宇宙にはどれだけの星があるのかと訊く子〉と戦後の窮迫期に父・佐美雄は息子の佐重郎を歌ったが、『彗星紀』の天文や古代をテーマにした歌に私は強く惹かれた。ここには少年のままの佐重郎がいる。

かの星の衝突のおと届かざりわが耳に棲む恐竜のこゑ

私は『彗星紀』読後、佐美雄と佐重郎の血縁の流れを感じたと書いたが、そのひとつは歌の調べである。佐重郎の歌は、理知の発想が破調のない安定した、端正で魅惑的な調べと相まって、人の思いを駆り立てる。その天性の調べの感覚に私は羨望すら覚えた。私的生活を露わに歌わないのは、佐重郎の基本的な創作の姿勢であり、彼の含羞のなせるところであろう。禁欲が佐重郎の凝縮感となり、俗にまみれぬ香気を感じさせる。だが、禁欲と逡巡とは違う。

三十年遅き出立わが額はすでに夕闇刃物をかくす

いまこそ、幻想の、いや、創作の名において、「ごうたうの諸君」「わき出てくれ」と、「この街に放火せよ」と、歌う季節ではないか。佐重郎には臆せず、最も美しい所作で歌の中で刃物をかざして欲しい。

熱きもの身に蔵《しま》ひつつ群れ飛べるあきあかね透く　明日《あした》はむくろ

死を意識したときこそ生は「からくれなゐ」に燃えるのではないだろうか。

（「短歌」一九九八年一月号）

詩を湛えた歌
――歌集『彗星紀』

三枝昂之

早稲田短歌会の部室で一度前川氏を見かけたことがある。佐佐木幸綱氏や福島泰樹氏と短い談笑をして去った、と思う。歌会には残らなかった。私は新入りだったから、前川佐美雄の御曹司の、その端正な表情をまぶしく見ていただけである。彼は早稲田を出ると短歌も卒業をして、現代詩を作っていたようだ。その前川氏が佐美雄の死に触発されて、三十年ぶりに歌の世界に戻って来た。『彗星紀』は彼の最初の成果である。

私は作者紹介のためだけに前川氏の軌跡に触れたのではない。本書には一つの興味深い姿があらわれていて、それが前川氏の軌跡と無関係ではないからである。

ホルマリンにほひ遙けし静かなる死者のうみより唄ごゑきこゆ

まずこの歌はどうだろう。ホルマリンの匂いに触発されてイメージを死者に広げた歌、と読んでおく。発端は逆でもよい。いずれにしてもホルマリンと死者は繋がりとしては順当なものである。それを静かな死者の海の唄ごえに広げたところから詩が立ち上がってくる。それで私がこの歌から感じるのは、唄の姿の整序といったものである。現在の短歌には、歌が今日的であるためには何か予想外のセールスポイントが必要だ、という判断が根強くある。〈ただごと歌〉といった範疇が注目されるのは、〈なにもない〉ということが予想外のセールスポイントとして機能するからである。ところが前川作品にはそうした判断はない。あるのはホルマリンから海の歌声に広がりながらのスタイルの美しさである。そこからは詩的に整序された姿が短歌には必要だ、という意識が見えてくる。前川氏本人がそう思っているかどうかは分からない。しかし、歌はそんな意識を語り出している。私はそこにこの歌集の新しさがあると考える。

八月は死者ゆきかへるわが耳のかなかなさへも楽《がく》をしづめつ

夕照りに大蟷螂《おほかまきり》の振りあふぐ祖父《おほちち》おもへその影の鋭《と》し

眠らざる宗教人《びと》の独語かと古き蛇口の漏刻をきく

秋の夜のつひの底ひに届きたり鉦叩《かねたたき》鳴けばわれも響《な》りいづ

よる暗き一灯《いつとう》のなかすれちがふ他人《ひと》とわれとは盲《めしひ》て過ぎぬ

これらは三十年の中断がなければ生まれない歌である。歌が詩であること、歌は様式性を大切にせねばならないこと、そんな忘れかけた意識がここにはあるからである。粗く強引に繋げてしまえば、小野茂樹における〈整流器としての短歌〉に近い意識である。時代のアンテナに敏感になるべく苦闘し続けてきて、みんなが忘れてしまった大切なもの、それが『彗星紀』の中にはあることになる。もちろん小野と前川氏は違う。五首目の、小野も好んで歌った灯の歌い方を比較すれば、前川氏の方により詩的修辞への好みが強い。けれども例歌には、散文との水際でどんどん平たくなる今日の短歌への危惧がある。一度リタイアして戻ったら時代が自分の拘りを必要としていた、という構図がそこに見える。

余計ごとを一つ述べて終わりたい。前川佐重郎という名前は〈佐美雄＋保田與重郎〉だろうと考える人が多いが、多分それは違う。前川家の権威ある家長だった佐美雄の祖父が〈佐重良〉である。こちらの方が命名の磁力としては強かったはずだ。

（「短歌往来」一九九八年二月号）

時間を遡行しながら
――歌集『天球論』

佐伯裕子

『彗星紀』につづく第二歌集『天球論』は、編集が逆年順になっており、冒頭に近いところに、同時多発テロの作品「惨劇」の一連が置かれている。『天球論』は、なんと納豆の歌から始まる。そこから自然に「惨劇」に移っていくのだが、実際は、「惨劇」のあとに納豆の歌が出来たのである。またテロの歌といっても数首のみで、しかも、日々の生活の中に重く静かに鎮めた作り方がされている。少しばかり読みにくい気がしたが、わたしは、この逆年順を「時間への挑戦」として読んだ。そこには、情報に惑わされたくない、時間を遡行したい、という作者の明確な意志が潜んでいるように思われるのである。

気の狂れしやうに納豆かきまはすこの快感を
ひとは倣《なら》ふな
この夜半《やはん》まがまがしきを閉ぢこめて四角のテ
レビ朝まで四角
惨劇のテレビを消せば四方より虫すだくのみ
わが場所あらず
惨劇をうつすテレビのかたへには赤き番茶の
飲み残しあり

一首目、納豆の歌にしては度を越した熱情が窺えるだろう。納豆をかき回しながら、遊魂してゆくような状態に陥っている。それは飲食のためというのではない。ただ、ねばねばをかき回すことへの狂気めいた衝動である。日常性と、そこからはみ出してゆく情動の間を、作者は振り子となって揺れている。
そして二首目、あのような惨劇を閉じ込めたテレビが、いつもどおりの形で、いつもどおりに存在する不可思議さを、作者はぼんやりと眺めるのだ。最後の歌の「飲み残しの番茶」は、「赤き」と表されることで、日常と流血の間を行き来するようにも読めた。何気ない生活空間からうたいおこして、度を過ぎた何ものかを覗かせるのである。

曇天のやうな薄紙はがしつつ復刻本をさはる、みる、とづ
運動の歩幅みだるるある時のライターの焔《ひ》にちひさな敵意
春くれば鼻より草もはえるだらう野仏がわづか薄目をひらく
少年のみつむる城のとほければ朝の食堂にタマゴ割る音
からまりしチャペルの蔦をひきはがし庭師は春が終はつたといふ

　わたしは、このような歌をいいと思った。『天球論』には「惨劇」のような歌は少ない。長くメディアに関わってきた作者である。メディアの見えない圧力と情報操作の怖さを知り抜いているから、事件をそのまま歌にすることは避けたいのだろう。だが、「時代を生きる以上素手では何も得られない」とも、あとがきに記している。情報とそうでない部分、日常と非日常、そういう境界を作者は浮遊せざるをえない。知り尽くしたものは動きがとれなくなるのである。

　だから、「曇天の」につづく一連の歌のように、身廻りの手触りのあるものを対象にすると、柔らかく生き生きとした歌になる。大げさな表現ではないのに、遠いものへの眼差しに満ちた浪漫的な空気が流れている。ことに一首目、「曇天のやうな薄紙」に託される「本」というものへの愛惜がいい。「さはる、みる、とづ」という行為、それが作者の求める「時間の遡行」そのものなのではないだろうか。「野仏」「庭師」の春の歌二首にも、わたしは同じようなことを思った。

（「短歌往来」二〇〇三年一月号）

思惟する人
——歌集『天球論』

黒木　三千代

この夜半《やはん》まがまがしきを閉ぢこめて四角のテレビ朝まで四角
美しい嘘のいくつか嚥《の》みこめばビンラーディンがしづかに微笑《わら》ふ

『彗星紀』に続く著者の第二歌集。後記に「メディアに長く携わって」「メディアの時代のメディアの強さ」と詩歌人への「圧力」を感じてきたと書く著者である。一首目はその人らしい風刺。塚本邦雄のうたった戦後は、ピアノが嫌悪感で液化して行ったが、現在のテレビメディアは、惨劇の報道に充ちていながら変形することもない。何が起っても一過性の刺激として忘れ去ってゆく、時代の不感症をついている。二首目の、テロにはしる側にも正義はない、彼らの言説は「嘘」だ、と知りながらそれに「美しい」とかぶせて苦くも嚥み下そうとする〈私〉にも、思惟を日常とする人の奥行きを感じる。

うすき肉ぶあつき肉のはざまにて新聞ひらく地下鉄四谷
洋傘《かうもり》のなかにひそめる顔しらず夕雨のなか吾《あ》もかほ匿す

集中、「複製の街」とか「模造のサクラ咲く街」とか詠って、現実感の薄い都市へ違和感が見えるが、匿名の存在として紛れていられる都市棲みはやはり快適であるらしい。しかし「複製の街」には、犬が来て「鮮しき糞などひとつしてゆく」のである。都市という人工物と、糞という自然。糞の方に作者の肩入れがあるのは明らかだ。

壁面に張り出してゐる鍋の耳の父のみみかとつかみてはなす

奇想の歌に道化を装いながら、ここでも父の「身体」という回復されない「自然」への欲求が見える。思惟する人間像が、きわやかに顕つ歌集である。

（「短歌」二〇〇二年一二月号）

佐重郎と前登志夫
――酒呑童子のかなしみ

喜多弘樹

「佐重郎がなあ、まだ小学生やったんで、バタバタとぼくや緑さんらが話をしている部屋を走りまわるんで、うるさいからコラーッ！と、よお怒鳴ったたわ」

生前、前登志夫はそんな話をなつかしそうによく口にした。「佐重郎がなあ……」という独特の吉野弁のイントネーションにはやさしさと親しみとがこめられていた。どうやら、二十代の詩人・前登志晃（当時は本名を用いていた）は、再三にわたって吉野から奈良の前川邸・坊屋敷に足を運んでいたようである。日本浪漫派の保田與重郎に紹介されたのもこの場所であった。坊屋敷が若い文学者の語らいの場であり、おそらくは夜遅くまで延々とランボーがどうした、ヴァレリーがこう言った、エリオットは……などと酒を酌み交わしながら、議論したにちがいない。緑夫人もお酒の接待をしながらそのサークルに時折加わり、議論はいっそう白熱してきた。そんな折、うれしがって当時小学生だった佐重郎が部屋を駆け回ったのも自然なことである。得体の知れぬ青臭いまれびとの圏《わ》は少年の眼に奇怪ながらどこか新鮮に映ったと想像する。「こら！　何時やと思とんのや。はよ、寝え！」、突如二階の部屋から主《あるじ》の雷が落ちる。

前登志夫は「前川先生が怒ってなあ」という前独特の笑い話をまじえ劇化して坊屋敷の当時のにぎやかな様子をよく私たちに聞かせてくれたものだ。

登志夫と前川佐美雄との交流が始まったのは戦後、前が吉野に帰山した昭和二十六年前後あたりからだろう。その頃、前がほぼ二年ばかり吉野から発信していた郷土文芸誌「望郷」に、佐美雄が二度、そして緑夫人が一度寄稿している。「あんな偉い先生から稿料も支払わずに歌をもろたんや。ぼくも若かったから無茶してたなあ」と前は述懐していたから、当時の佐美雄の歌壇における、いや文学界における地位はほぼ確立されていたと推察される。それだから、著名文士たちが大和という歴史の風土への旅の途中に坊屋敷に立ち寄った。佐美雄の親交の広さは、詩歌人のみにとどまらなかった。亀井勝一郎、檀一雄、小林秀雄、安西冬衛、五味康祐、版画家の棟方志功、画家の岡本太郎までまことに多士済々であった。

ところで、「望郷」7号（昭和二十八年一月）の巻頭を飾った佐美雄の「人はみな」十首。数首を紹介しておく。

をりをりはあやふげに我を覗き見る身の内側も崖寒ければ
水あをく澄みきはみたる底ひまでひとすぢのわが涙沈みゆけ
暗がりの土間の箱より馬鈴薯が珊瑚のごとき冬の芽を吹く

続いて「望郷」8号（昭和二十八年六月）には、前川緑の「枯葉」八首。

支へなく人のさまよふ春まだき寒き茜の夕空に向ふ

暗くさびしき夕べの食事終りたれはづかに心よみがへるらむ

ほのぼのと毛糸の匂ふをさなごのわが傍に独言をいふ

　こういう機会を通して、前は前川夫妻との付き合いを深めていくことになる。当然のことながら、佐重郎少年も前のことを記憶にとどめたのにちがいない。少年の眼に、前はどのように映ったのだろうか。青白い顔をして、いつも難しそうな表情で詩について議論する前の姿か、それとも、酔っぱらったやっかいな暴れん坊としてだったか。のちに、前の案内で前川父子は女人禁制の大峰登山に同行した。そんなふれあいもあって、前は、佐重郎にとって、やがて兄貴分的な存在として意識されることになる。とくに歌人・前登志夫として「日本歌人」の夏行に参加するようになってから、その思いはたしかなものとなっていった。

　ただひとつ佐重郎を語る上で、父母の文学的感性の血を引いた多感な少年にとっての何にも代えがたい経験は、当時の一流の文士や芸術家の多くと遇《あ》っているという事実である。単に顔を見たというだけのことではあるまい。感受性の強い少年は、おのずから一流の文人、芸術家が父と話をしているところなどを目撃するだけで、ある種の文学や芸術の上質な雰囲気というか、熱や気迫、志までをも無意識のうちに摂取していたと考えたい。歌を作ろうと作るまいと、文学・芸術に反発しようとも、それは少年の中でさしたる問題ではない。その場の空気に触れる、臨場感がどれほど少年の純粋なこころを広く豊かなものにしたか、これは経験しようと思ってもできることではない。

*

　突如、壮年を過ぎようとしていた頃、前川佐重郎は歌の世界にやって来た。第一歌集『彗星紀』が出版されたのが平成九年、父・佐美雄が平成二年にこの世を去ってから七年後のことである。

白粥《しらかゆ》にはる薄膜の韻《おと》きこゆ八月半ば置き去りし耳

静脈の太き青さへ帰り路わが腕《かひな》よりさかのぼる父祖

なにゆゑか壜の底《そこひ》のかなしみは透明といふ科《とが》をあつめて

舌出して切手舐めゐる真夜ひとり吾も視てゐるわが舌あはれ

引力のかく美しき夜に寝ねて墜死の迅《はや》さゆめにたしかむ

彗星のちかき白さを捕へゐてふとも女《をみな》の面とほきかも

前登志夫は、詩から歌に転じた三十代を「異常噴火」と自ら名付けた。五十代になって、本格的に作歌の道を選んだ佐重郎をどう名付ければいいものか。少なくとも「異常」ではなかった。いわば必然ともいうべきだった。「佐重郎がなあ」というのが前の口癖のようなものだったが、少年時代の佐重郎をよく知っていた前は、佐美雄亡きあとの歌誌「日本歌人」の命脈を息子に継いで欲しかったと思う。また、それだけの文学的素養が佐重郎にあることも前は知っていたにちがいない。多くは語らなかったが、「佐重郎も『日本歌人』を続けていかんとあかんからなあ……」とぽつりとつぶやき、前はうーんと考え込むような表情を浮かべて黙ってしまった。

つねづね、「ぼくには前川佐美雄先生のまとまった論がないんや」ということを前はひどく気にしていたところがあった。と同時に「佐美雄という歌人がどうも歌界では正しく評価されていない」とも繰り返し言っていた。佐重郎の歌への復帰、いや回帰というべきか、そのことを本当に祝福していたのは前登志夫自身ではなかったか。平成二年七月に「稀有なる詩的光芒」と題して書かれた佐美雄への追悼文は見事だった。「世俗のことには投げやりでずぼらな先生だった」と自らへの懺悔のようなことを記した上で、「この稀有なる歌びとは、この世を去ってはじめてその気高い光芒を、人々の眼前にあらわすだろう。前衛モダニズムの元祖だ、いやいや、最も伝統的な歌よみじゃないか、などと戸惑うこともなくなるだろう。短歌は、戦後の時流のような単なる思想や意味ではないことを、その光芒は高々と告げる。短歌のいのちは『歌』そのものであり、人間の魂魄なのだということを、傷だらけになって示す光芒なのである」と。

夕くらむわが室の壁をながめては今日もつかめぬ何もののあり
耳たぶがけもののやうに思へきてどうしやうもない悲しさにゐる
真夜なかにふと身じろげばしづみゐし室の草花がほのに匂《にほ》へり
脚をきり手をきり頸きり胴のまま限りなし暗き冬に堕《お》ちゆく
朝がたにわれは森の端《は》の祠《ほこら》よりうす青い空にむいて飛び立つ

佐美雄の『植物祭』に収められている歌を読んでいると、ふと私は前登志夫という歌人を通して、その師である前川佐美雄の歌に学んでいたのかも知れない。そう思うことがしばしばある。たしかに世俗的には「投げやりでずぼら」なところは両師ともに似ているが、一方では律儀な面もあったことを強調しておきたい。佐美雄は、「心の花」の師であった信綱の歌碑を薬師寺に建てる労を厭わず、「孫をよろしく頼む」との信綱の一言を忠実に守り、「朝日歌壇」の後継選者に若き佐佐木幸綱を指名したと聞く。前は、何事につけてもすっぽかすことが多かったが、佐美雄の葬儀にも緑夫人の葬儀にも吉野から関東まで駆けつけた。そして、「日本歌人」の前川佐美雄追悼特集に「稀有なる詩魂の成熟――前川佐美雄の戦後」という渾身の論を書いている。

そして、子の佐重郎には『前登志夫歌集』（短歌研究文庫）の「解説」を託している。ほかにも、三輪山の大神神社の全国短歌大会の選者を、大和にゆかりのある佐重郎に譲っている。前にとっては佐重郎は、気のおけない弟のような存在だったにちがいない。

かなしみは明るさゆゑにきたりけり一本の樹の翳らひにけり
もの音は樹木の耳に蔵《しま》はれて月よみの谿をのぼるさかなよ
夕闇にまぎれて村に近づけば盗賊のごとくわれは華やぐ
暗道《くらみち》のわれの歩みにまつはれる螢ありわれはいかなる河か

佐重郎は『子午線の繭』から代表的な四首をあげて、「著者の言う『存在のしらべ』が、前登志夫という歌人の最大の特色である。それは体内から自然に奏でられるような短歌という定型詩固有の韻律のうつくしさである……三度も声を出してよめば暗誦できるほど」に「しらべ」「ひびき」のよさを強調する。さらに、「月よみの」の一首に対して、「月の夜に谿を溯上する魚のすがたを詠んだものだ。それが実景であろうがなかろうが問題ではない。一首から立ちのぼるイメージ、が鮮烈である。『月よみの谿』は、月に照らされた谿流であろう。一行の詩を研いでいた頃の作者の鋭い感性がみえる」と解説する。「昭和二十年の半ばに、奈良の前川佐美雄の自宅にしばしば逗留しては、佐美雄やその仲間たちとともに詩の方法論について語りあった」という記述も佐重郎ならではのことである。

　また、「吉野の酒呑童子」と題した文章（角川「短歌」平成十九年五月）を佐重郎は書いている。「すこし筆がすぎた」と最後に前登志夫への寛恕を乞うと非礼を正しているが、弟が兄貴分に対してなした最高の賛辞だった。

かつて前川佐美雄は、前登志夫のことを「あれは大江山の酒呑童子みたいなやつだ」と言ったことがある。

それは時折山から里に下ってきては狼藉をはたらいて山に戻ってゆくことを言っている。佐美雄のこの評言には多分に前登志夫氏への愛情と同情が込められている。

年がら年じゅう吉野の山中に籠りきりでは仙人でもないかぎり干からびてしまい、あのような人間臭のある歌は到底詠めまいということにちがいない。

山住みや山ごもりにはそれだけのエネルギーが必要だということではないか。エネルギーの補給と息ぬきをかねて里に下りてくるのである。だから吉野山中の歌が生気をおびる。人間は一筋縄ではゆかない。

さすがに前登志夫の弟分だけのことはある。前の歌の本質を語る上で大切なことである。佐重郎は、子供の頃からたしかな観察眼を養っていたようだ。真っ暗な冬の夜空に向けて、天体望遠鏡を覗きこむ天体少年の好奇心と浪漫性。つづまるところ、佐重郎は二人の無頼この上ない詩人を見て育ったのだ。一人は父の佐美雄、もう一人は前登志夫。そして、無頼への反骨心はあったものの、佐重郎もまた詩人であった。酒でも酌み交わしながら、三人も詩人が寄り合えば、周りの人間はおだやかでは済まされない。外見はおだやかそうに見えても、自分の高まっていく感情をコントロールすることができないのも詩人の常であるからだ。

ともあれ、大和国中《くんなか》からすれば、葛城の麓の忍海も吉野の山も、記紀以来、生尾とか土蜘蛛とか蔑視されてきた異類の棲処であった。その荒々しい魂魄の血は、反権力の砦として今もなお佐重郎の中にも流れ続けている。

ぬばたまの闇も明るしこのやみを数へつつゆ
く彗星ひとつ

この一首には父・佐美雄がいる。そして、前登志夫がかたわらでお酒を呑んでいる。緑夫人が詩人、文人、芸術家の接待をしている。佐重郎は、今もなお豊穣な文学という魔界に時折遊びに行き、楽しそうに騒ぎながら火鉢の周りを駆け回り、歌という美しい炭火を拾い続けている。

つややかに光る肝臓《レバー》
——前川佐重郎論

佐々木　幹　郎

一人の人間のなかに、あるとき、ひとつの空洞が成立する。「空洞」は「からっぽ」あるいは虚ろなる空間のこと。それは言葉を紡ごうとするとき、必ず誰もが一度はぶつかる、あえかなるものだ。

自らが「からっぽ」であるという意識。それまで胸に詰まっている言葉があると思っていたのに、いざ筆をとろうとすると、その内部は空洞で、何も表現するものがない、表現すべき言葉が見つからない。そして、自らの技術的な未熟さがそう思わせるのかと悩む時間帯がある。

いや、未熟さなどなにほどのことでもない。言葉はほんらい空洞から始まるものなのだ、そこから身体に響き始めるものなのだ、という言葉への揺り動かしが始まると、人はひとまず文字を書き出す。文字の世界へ、身をこじいれる。それは自らの無意識の世界を探ろうとすることと同じだ。

「からっぽ」というのは、内部が中空になっているもので、これを「うつ」あるいは「うつぼ」とも言う。折口信夫によれば「うつ」とは、たんに「空」なのではない。「からっぽ」のなかに魂が入ってくると生き生きとしてくるので、古代人は「物が充ちたといふ状態」を「うつ」と言い、「物が中に籠つてゐるという状態」をも指したという。「うつ」も「うつぼ」も、物語の根源、物語の発祥する場所なのだ。

つまり、自分には書くべきものが何もない、からっぽの人間だと意識したとき、表現することとの最初の一歩がある。詩歌とはやっかいなもので、そのからっぽのなかで精霊が成長し始める。

飛行船の白き肢体に雨叩く叩けよ今宵われもまた空洞《ほら》

前川佐重郎の第一歌集『彗星紀』(一九九七)にある一首。飛行船の空洞と自らの空洞を重ね合わせたこの歌に、わたしは佐重郎の歌人としての出発を見る。

佐重郎の父・前川佐美雄(一九〇三〜九〇)は、昭和短歌の幕開けを先頭切って示した歌人であり、近代短歌を現代短歌に変貌させた人であり、第一歌集『植物祭』(一九三〇)、第二歌集『大和』(一九四〇)は、いまもなおその革新性において、わたしたちの心を揺るがし続けている古典である。佐美雄が主宰した「日本歌人」(一九三四年創刊)からは、第一次大戦後、塚本邦雄、山中智恵子、前登志夫らが輩出したことはよく知られている。

佐重郎は佐美雄の死の一年半後、一九九三年より「日本歌人」の主宰者となり、結社誌の編集を引き継いだ。五十歳のときである。幼児から短歌を作る父の姿を見て育ち、大学時代にも早稲田短歌会に属していた彼が、いつしか短歌を離れていた時期があった。そのような経緯の後、五十歳になって本格的に短歌の世界に戻った。

第一歌集『彗星紀』の「あとがき」によれば、短歌を離れていた時期には現代詩を書いていたという。「歌界のことは何も知らなかった。時折り『日本歌人』を読み、佐美雄のもとに献本された幾つかの歌集を読んでいた程度だった。現代詩に些か染まったぎこちない手法をもとに、再び歌に向かった」。

現代詩の世界にいるわたしから見れば、なんという重圧を引き受けたものだろうと思うが、『彗星紀』所収の歌には、歌への「遅き出立」にあたって、作者独特の矜持がかいまみえる。

三十年遅き出立わが額はすでに夕闇刃物をかくす

もはや若き日の血気盛んな言葉（刃物）は生み出せない、と言っているのではない。「刃物をかくす」のだ。その隠し方を見てくれ、という宣言である。

穏やかで抒情的な作風を中心に第一歌集を刊行した作者は、第二歌集『天球論』（二〇〇二）、第三歌集『不連続線』（二〇〇七）、第四歌集『孟宗庵の記』（二〇一二）と続くにつれて、歌がどんどんしなやかに、自らを解き放つようになっていく。そのことを言う前に、『彗星紀』のなかに頻出する父親像を見ておこう。

言挙げて独り入り組む父措きし眼鏡しづけくそらを映せり

亡霊はこの家に棲みしか一匹のいわし焼くけむりの背後

静脈の太き青さへ帰り路わが腕《かひな》よりさかのぼる父祖

西方にくるしき雲の垂れ込めて凧糸のごとく血縁を引く

吹く風に素焼きの埴輪鳴りやまず空洞《うろ》ふかきより父母《ちちはは》のこゑ

佐美雄は一九七〇年、六十八歳のとき長年住み慣れた奈良を離れ、神奈川県茅ヶ崎市に引っ越し、晩年まで過ごした。佐重郎が二十七歳のときである。

佐重郎は「生前二人きりで長い会話を交わしたことは一度もなかった」と、「佐美雄が死んだ日」(「日本歌人」一九九一年七月号、前川佐美雄追悼特集)と題した追悼文に書いている。「言挙げて」の歌には、短歌の世界に没入した父親が、机の上にだろうか、死後そのまま遺しておいた愛用の眼鏡が描かれている。「置く」ではなく「措く」とあるから、ある状態にしておく、惜別する、というニュアンスが強く響く。その眼鏡はもはや、言葉をつぶやかず、静かに広大な空を映している。眼鏡が父の短歌よりも広い世界を映しているということか、それとも空と匹敵するほどの広大な世界を父は歌ったということか。いや、父は空に吸われるように去ってしまったという、寂しさがにじみ出ているというべきだろう。「措く」という言葉の喚起力を、あらためてここで知らされる。

佐美雄は茅ヶ崎に移住してから、奈良を思い出しては懐かしむことが多くなったという。「奈良には亡霊がいるが茅ヶ崎にはいない」と生前の佐美雄は言ったという。

二首目の「亡霊はこの家に棲みしか」は、おそらくその佐美雄の言葉を受けてのものだろう。佐重郎にとって、亡霊は父そのものであり、しかもそれは「一匹のいわし焼くけむりの背後」に現れてくるものなのだ。佐美雄に叛逆しているようで、面白い優れた歌だと思う。「いわし焼くけむり」がいい。父親と違って奈良にそれほど強い郷愁を持たない佐重郎にとって、日常生活のありふれた小さな光景の背後にこそ亡霊がいるのだ。いや、それを見つけることこそが佐重郎にとっての短歌なのだ。もちろん、この歌を佐美雄を歌ったものとする必要はない。三首目、四首目が示すように、佐重郎は言葉に対するとき、「腕《かひな》よりさかのぼる父祖」を意識し、「凧糸のごとく血縁を引く」というように、遠い先祖までを引き寄せる。目に見えないものを見えるようにする。

だから埴輪にも自らの血の在り処を探ろうとするのだ。五首目の「吹く風に素焼きの埴輪鳴りやまず」には、奈良出身者ならではの光景が立ち上がっている。わたしも奈良生まれなのでよくわかるのだが、埴輪の空洞は、特に人型埴輪のくり抜かれたアーモンド型の両目には、いつも何かを見守っているような気配があり、畏怖感を持つ。佐重郎はその埴輪の空洞に風を吹かせる。埴輪は鳴りやまず、「空洞ふかきより父母のこゑ」がする。佐重郎の母・緑も、優れた歌人であった。「空洞ふかきより」聞こえてくるのは、両親の声であると同時に、「うつ」「うつぼ」の物語の始まりの声だと思える。

　第二歌集『天球論』の冒頭に、次の一首がある。

　　納豆の糸ひきよせてふるふると奏ではじめし
　　　五線譜のみゆ

　もはやここで、解き放たれるようにゆるやかに言葉が舞い始めていることがわかる。同じ「糸」でも、「凧糸のごとく血縁を引く」くるしさとは違う世界へ、作者は歩み始めたのだ。甘さと官能性が生み出されている次の一首も魅力的だ。

　　舌のやうに舐めゆく繊雨そののちに薄目をひ
　　　らく昼顔のはな

「繊雨」とは「細雨」のこと。ここに描かれている眠りつくような抒情。佐重郎の歌の調べは、このような作品のなかに腰を落しはじめたことをわたしたちは知ることになる。

　そしてまた、その延長上で生み出された言葉の強さが次のような二首を生む。

　　十薬の葉群はげしく匂ひたち、一斉に誘惑こ
　　　ゑつづまらせ
　　ゆふぐれをこの無為にして摑みたしたとへば
　　　軍鶏《しやも》の頸《くび》のごときを

　ドクダミ（十薬）の葉が匂い立つとき、誘惑する声が「つづまる」。声がつづまるとは、縮む、凝縮されるという意味だろう。足元に広がるドクダミの葉

を踏みしだいたとき、その強い匂いのなかに自らを誘惑する声があり、その声たちがそれぞれ短く縮んで広がってくる。実にシュールな、それでいてユーモラスな、佐重郎の真骨頂ともいうべき作品だと思う。

二首目では、「無為」と「軍鶏の頸」を摑むイメージが等距離になっている。佐重郎が歌人としての出立時に「わが顔はすでに夕闇刃物をかくす」とうたった、その隠した「刃物」が、ひめやかな狂気となって、ここにある。

言葉が自在になりだすと、この歌集での父親像も変化する。

荒ら荒らし父の葉書を読み了へて腕《かひな》のやぶ蚊
ひら手でうちぬ

父親の葉書を読み終えて、その荒々しい文面と同じ心境になったためにやぶ蚊を打ったのか、はたして父親を打ったのか。どちらとも読める。いずれにしても、作者はここでは父親と対等である。

第三歌集『不連続線』に、わたしの好きな次の一首がある。

網戸より眺むる庭は暗然とわれを距てぬ人の
ごとくに

第三歌集以後、佐重郎は自分の居る位置を、どこにもない、誰とも交差しない孤立した位置、その幻の場所を恋するようになるのだが、「網戸より」は、その兆しを示す最初の歌と言えるだろう。

家のなかにいて網戸越しに庭を眺める。庭に立っているとそんなことはないのに、網戸を通して庭を見ると、わたしが孤立し、庭が主体性を持ってわたしを隔てようとしていることがわかる。まるで人間のようだ。この歌はそのようにうたわれている。「網戸」越しの眺めが、この歌のキイとなっている。

網戸と窓という違いはあるのだが、ルーマニア生まれの思想家シオラン（一九一一〜九五）が同じようなことを言っていたのを思い出す。

「街を歩き回っているとき、世界は存在しているように見える。だが窓から眺めてみると、全ては非実在と化す。一枚の透明なガラスが私たちをこれほど生から切り離すという事がどうして起るのか。牢獄の壁よりも一個の窓の方が私たちを世界から遠ざける。生をみつめるあまり私たちは生を忘れてしまうのだ。」

（ツイッター「シオラン」@Cioran_Jpより引用）

おそらくこのとき、佐重郎も庭を見つめながら、自らの「生」をこそ見つめていたのである。それが過剰になるにつれて、生き生きとした「生」から遠ざかったのだ。網戸がそのことを教えてくれる。庭も生きているのですよ。いまその庭はあなたから離れようとしていますよ、と。

　このように深々と思考の裾野が広がっていくにしたがって、作者特有のユーモアが次のように生まれてくる光景は面白い。

春の夜に春のなみだをうかべたる十五番ホームのロケのをみなご

スプーンに映れる顔ののつぺりと大き鼻さへいまは憎まず

「春の夜に」対して「春のなみだ」という幻を浮き上がらせる。新鮮な手法だ。第二歌集『天球論』に現れた抒情の調べが、ここにも顔を出している。「スプーンに映れる顔」をいまや憎まないのも、ここにいたるまで、自らの「生」を見つめることが多かったからであろう。

　どこにもない、誰とも交差しない孤立した位置、その幻の場所を恋する作品は、第四歌集『孟宗庵の記』に多くなる。その冒頭の一首。

原色のこゑがするなり冬枯れの公園にいま幾《いく》人《たり》の影

作者は原色の声を求めている。生々しい人間の声だ。そのような人間を求めている。寒々しい冬の公園には人影が見えて、その方向から原色の声が聞こえてくるようなのだが、声だけが孤立して浮かびあがるばかり。

声だけではない、何かが孤独にポツンと置かれている風景に佐重郎は、身をすり寄せるように近づいていく。

トンネルを抜けても昏きこの昼をまがりつつ
ゆく車中のわれも
居すくんで動かぬインコ青と黄の静物なりき
指さし入るる
わが影をふり切れぬまま十字路にさしかかり
たり独りでゐたい
もの言へば物の姿のあらはれて月の砂漠に人
がたたずむ

言葉を通してのみ「物の姿」は現れる。トンネルを抜けてもまだ昏い真昼の電車のなかに浮かび上がるただ独りの男。静物のように動かないインコの姿。自らの影をふり切って独りになりたいと願う男。それらの幻の位置を、「月の砂漠に人がたたずむ」とロマンチックに言ってもいいが、たとえばもっと軽やかにうたうとどうなるだろう。

つややかに光る肝臓《レバー》は皿のうへセメント通り
の夜がふけゆく

皿の上の「肝臓」は、つややかな光を浮かべながら、この世界のなかにひとつ、孤独に置かれている。「セメント通り」という言葉はさまざまなことを想像させる。東京でもパリでもよい、どこかの都会の深夜のレストランの窓から見下ろすと、セメントで塗り固められた無機質な舗道があり、目の前のテーブルにはやはり無機質の白い皿がある。その上に、生々しくつややかな肝臓がある。その肝臓は佐重郎自身のことでもあるだろう。作者が恋うる幻の位置がここにある。

そしてこれらのすべての歌をふり返ったとき、次の三首には、佐重郎のユーモアがあふれていることがわかる。

人体のたての長さが気になりぬ盛り塩たかき人形町角《かど》

へその緒の切れしふるさとぽこぽこと水に浸《つか》りし古墳の平野

むかし着たトレンチコート取り出せば身体《からだ》がにつと笑つてをりぬ

自らの「生」を見つめ続けた果てに、彼の身体が「につと」笑う。この笑いのなかに前川佐重郎がいる。四冊の歌集を通して、彼はみごとに走りきってきたのだ。

前川佐重郎歌集　　現代短歌文庫第129回配本

2016年12月5日　初版発行

著　者　前川佐重郎
発行者　田村雅之
発行所　砂子屋書房
〒101-0047 東京都千代田区内神田3-4-7
電話　03－3256－4708
Fax　03－3256－4707
振替　00130－2－97631
http://www.sunagoya.com
装本・三嶋典東　　落丁本・乱丁本はお取替いたします

現代短歌文庫

（　）は解説文の筆者

①三枝浩樹歌集
『朝の歌』全篇

②佐藤通雅歌集（細井剛）
『薄明の谷』全篇

③高野公彦歌集（河野裕子・坂井修一）
『汽水の光』全篇

④三枝昻之歌集（山中智恵子・小高賢）
『水の覇権』全篇

⑤阿木津英歌集（笠原伸夫・岡井隆）
『紫木蓮まで・風舌』全篇

⑥伊藤一彦歌集（塚本邦雄・岩田正）
『瞑鳥記』全篇

⑦小池光歌集（大辻隆弘・川野里子）
『バルサの翼』『廃駅』全篇

⑧石田比呂志歌集（玉城徹・岡井隆他）
『無用の歌』全篇

⑨永田和宏歌集（高安国世・吉川宏志）
『メビウスの地平』全篇

⑩河野裕子歌集（馬場あき子・坪内稔典他）
『森のやうに獣のやうに』『ひるがほ』全篇

⑪大島史洋歌集（田中佳宏・岡井隆）
『藍を走るべし』全篇

⑫雨宮雅子歌集（春日井建・田村雅之他）
『悲神』全篇

⑬稲葉京子歌集（松永伍一・水原紫苑）
『ガラスの檻』全篇

⑭時田則雄歌集（大金義昭・大塚陽子）
『北方論』全篇

⑮蒔田さくら子歌集（後藤直二・中地俊夫）
『森見ゆる窓』全篇

⑯大塚陽子歌集（伊藤一彦・菱川善夫）
『遠花火』『酔芙蓉』全篇

⑰百々登美子歌集（桶谷秀昭・原田禹雄）
『盲目木馬』全篇

⑱岡井隆歌集（加藤治郎・山田富士郎他）
『鷲卵亭』『人生の視える場所』全篇

⑲玉井清弘歌集（小高賢）
『久露』全篇

⑳小高賢歌集（馬場あき子・日高堯子他）
『耳の伝説』『家長』全篇

㉑佐竹彌生歌集（安永蕗子・馬場あき子他）
『天の螢』全篇

㉒太田一郎歌集（いいだもも・佐伯裕子他）
『墳』『蝕』『獵』全篇

現代短歌文庫

（　）は解説文の筆者

㉓春日真木子歌集（北沢郁子・田井安曇他）
『野菜涅槃図』全篇

㉔道浦母都子歌集（大原富枝・岡井隆）
『無援の抒情』『水憂』『ゆうすげ』全篇

㉕山中智恵子歌集（吉本隆明・塚本邦雄他）
『夢之記』全篇

㉖久々湊盈子歌集（小島ゆかり・樋口覚他）
『黒鍵』全篇

㉗藤原龍一郎歌集（小池光・三枝昂之他）
『夢みる頃を過ぎても』『東京哀傷歌』全篇

㉘花山多佳子歌集（永田和宏・小池光他）
『樹の下の椅子』『楕円の実』全篇

㉙佐伯裕子歌集（阿木津英・三枝昂之他）
『未完の手紙』全篇

㉚島田修三歌集（筒井康隆・塚本邦雄他）
『晴朗悲歌集』全篇

㉛河野愛子歌集（近藤芳美・中川佐和子他）
『黒羅』『夜は流れる』『光ある中に』（抄）他

㉜松坂弘歌集（塚本邦雄・由良琢郎他）
『春の雷鳴』全篇

㉝日高堯子歌集（佐伯裕子・玉井清弘他）
『野の扉』全篇

㉞沖ななも歌集（山下雅人・玉城徹他）
『衣裳哲学』『機知の足首』全篇

㉟続・小池光歌集（河野美砂子・小澤正邦）
『日々の思い出』『草の庭』全篇

㊱続・伊藤一彦歌集（築地正子・渡辺松男）
『青の風土記』『海号の歌』全篇

㊲北沢郁子歌集（森山晴美・富小路禎子）
『その人を知らず』を含む十五歌集抄

㊳栗木京子歌集（馬場あき子・永田和宏他）
『水惑星』『中庭』全篇

㊴外塚喬歌集（吉野昌夫・今井恵子他）
『喬木』全篇

㊵今野寿美歌集（藤井貞和・久々湊盈子他）
『世紀末の桃』全篇

㊶来嶋靖生歌集（篠弘・志垣澄幸他）
『笛』『雷』全篇

㊷三井修歌集（池田はるみ・沢口芙美他）
『砂の詩学』全篇

㊸田井安曇歌集（清水房雄・村永大和他）
『木や旗や魚らの夜に歌った歌』全篇

㊹森山晴美歌集（島田修二・水野昌雄他）
『グレコの唄』全篇

現代短歌文庫

（　）は解説文の筆者

現代短歌文庫

（　）は解説文の筆者

67 今井恵子歌集（佐伯裕子・内藤明他）
『分散和音』全篇

68 続・時田則雄歌集（栗木京子・大金義昭）
『夢のつづき』『ペルシュロン』全篇

69 辺見じゅん歌集（馬場あき子・飯田龍太他）
『水祭りの桟橋』『闇の祝祭』全篇

70 続・河野裕子歌集
『家』全篇、『体力』『歩く』抄

71 続・石田比呂志歌集
『孑孑』『忘八』『涙壺』『老猿』『春灯』抄

72 志垣澄幸歌集（佐藤通雅・佐佐木幸綱）
『空壜のある風景』全篇

73 古谷智子歌集（来嶋靖生・小高賢他）
『神の痛みの神学のオブリガード』全篇

74 大河原惇行歌集（田井安曇・玉城徹他）
未刊歌集『昼の花火』全篇

75 前川緑歌集（保田與重郎）
『みどり抄』全篇、『麥穂』抄

76 小柳素子歌集（来嶋靖生・小高賢他）
『獅子の眼』全篇

77 浜名理香歌集（小池光・河野裕子）
『月兎』全篇

78 五所美子歌集（北尾勲・島田幸典他）
『天姥』全篇

79 沢口芙美歌集（武川忠一・鈴木竹志他）
『フェベ』全篇

80 中川佐和子歌集（内藤明・藤原龍一郎他）
『海に向く椅子』全篇

81 斎藤すみ子歌集（菱川善夫・今野寿美他）
『遊楽』全篇

82 長澤ちづ歌集（大島史洋・須藤若江他）
『海の角笛』全篇

83 池本一郎歌集（森山晴美・花山多佳子）
『未明の翼』全篇

84 小林幸子歌集（小中英之・小池光他）
『枇杷のひかり』全篇

85 佐波洋子歌集（馬場あき子・小池光他）
『光をわけて』全篇

86 続・三枝浩樹歌集（雨宮雅子・里見佳保他）
『みどりの揺籃』『歩行者』全篇

87 続・久々湊盈子歌集（小林幸子・吉川宏志他）
『あらばしり』『鬼龍子』全篇

88 千々和久幸歌集（山本哲也・後藤直二他）
『火時計』全篇

現代短歌文庫

（　）は解説文の筆者

現代短歌文庫

（　）は解説文の筆者